U0563210

让我们 用中國文 一起追寻

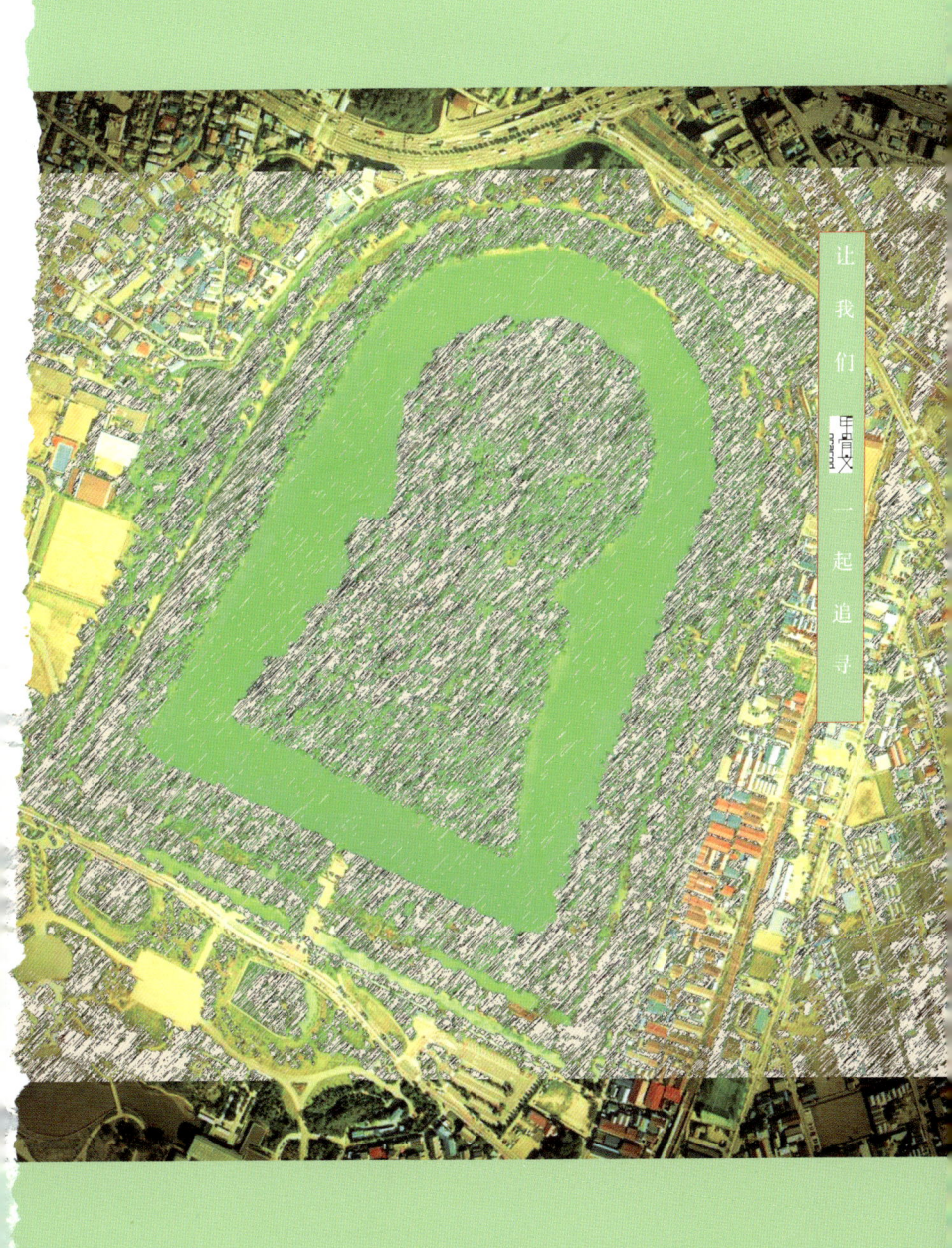

WA NO GOOU - OUI KEISHO TO GOSEIKI NO HIGASHI ASIA
By Haruhito KOUCHI

Copyright © 2018 Haruhito KOUCHI
Original Japanese edition published by CHUOKORON-SHINSHA, INC.
All rights reserved.
Chinese (in Simplified character only) translation copyright © 2021 by Social Sciences Academic Press (China).
Chinese (in Simplified character only) translation rights arranged with CHUOKORON-SHINSHA, INC., through Bardon-Chinese Media Agency, Taipei.

倭五王

[日]河内春人 著
梁适雨 译

倭の五王
——王位継承と五世紀の東アジア

日本的王位继承与五世纪的东亚

社会科学文献出版社
SOCIAL SCIENCES ACADEMIC PRESS (CHINA)

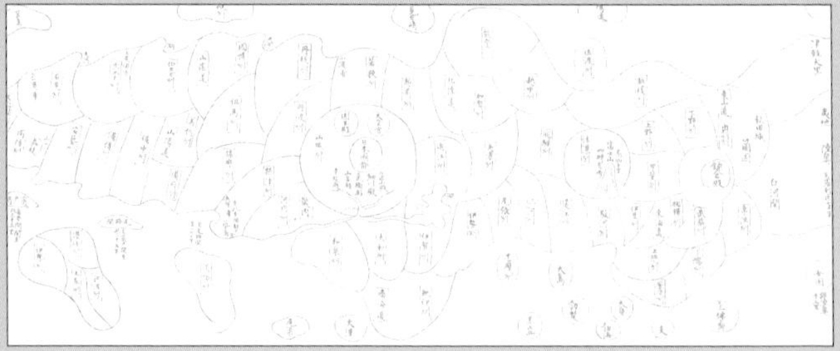

目 录

前 言 /1

序 章 4世纪后期的东亚
　　　　——倭国的"空白"时代 /1
1. 与百济的军事同盟——七支刀告诉我们什么 /2
2. 高句丽的飞跃，倭国渡海——广开土王碑的真相 /17

第1章 赞派遣使节
　　　　——重启中断150年与中国的外交 /29
1. 高句丽派遣的倭国伪使——东晋灭亡，刘宋建立 /30
2. 421年，赞开启与刘宋的外交 /45
3. 册封倭国王的意义——将军府的开设与府官制的引入 /58

倭五王：日本的王位继承与五世纪的东亚

第2章 从珍到济，再到兴
　　——遣使的意图与王的权力 /70

1. 赞之弟珍的遣使及其对官爵的要求——与同盟国百济的竞争意识 /70

2. 443年，济的登场——王统移动了吗 /81

3. 济的第二次遣使与兴的登场——不明确的王位继承 /98

第3章 倭王武的目标
　　——在激荡的东亚中 /118

1. 武在478年的遣使——刘宋的低谷，与高句丽的对抗 /119

2. 武向刘宋皇帝上呈的上表文 /133

3. 倭国的实情——上表文显示的权力结构 /151

第4章 倭五王到底是谁
　　——比对的历史与《古事记》
　　　和《日本书纪》的束缚 /158

1. 五王与天皇——始于室町时代的比对经过 /161

2. 比对的可能性与限制——音韵、字形、谱系的相同性 /175

3. 始祖王与5世纪的王权 /190

目录

终　章　"倭五王"时代的终结
　　——世袭王权的确立　/ 204

1. 与中国外交关系的断绝——为什么停止遣使　/ 204

2. 倭王权的转变——继体大王的即位　/ 215

后　记　/ 227

原文史料　/ 232

参考文献　/ 238

主要图片出处　/ 249

倭五王相关年表　/ 251

前　言

研究日本古代的历史，与研究其他时代相比，有哪些困难之处？

首先就是史料的稀少，这一点应该是毋庸置疑的。尤其是在日本存留的6世纪以前的文献资料少之又少。因此，我们不得不依赖8世纪初编撰的《古事记》和《日本书纪》。然而，《古事记》和《日本书纪》中有关5世纪以前的记述也充满了传说故事性的内容，并不能简单地把这些记载看成真实的历史事件。

为了弥补这一不足，我们不得不借助中国的史料。中国自古以来就有记载历史的习惯，而且其史书也包含了有关中国周边区域的内容，日本列岛亦非例外。正如大家都知道的那样，7世纪以前的日本在中国史书中被称作"倭"或"倭国"。

当然，并不是中国每一个时代的历史书都记载了倭国

倭五王：日本的王位继承与五世纪的东亚

的情况。只有在倭国向中国派遣了外交使节，或者中国王朝由于各种政治因素意识到其存在时，倭国才会成为历史记录的对象。即便如此，在今天的我们看来这些记录也是珍贵的史料。在这当中尤为重要的是在倭国本身尚未有文字记录流传于世的时代收集了关于倭国信息的两则史料，其中之一是3世纪的《三国志·魏书·乌丸鲜卑东夷传》倭人条，也就是我们常说的《魏志·倭人传》，另一则史料是5世纪的《宋书·夷蛮传》倭国条（下文称之为《宋书·倭国传》）。

《宋书·倭国传》关于5世纪日本列岛的历史提到了五位向中国派出外交使节的王，这就是我们所说的倭五王——赞、珍、济、兴、武。

至今为止最有代表性的说法是，赞是第16代仁德天皇，珍是第18代反正天皇，济是第19代允恭天皇，兴是第20代安康天皇，武是第21代雄略天皇（这里列出的代数参照现行皇统谱）。赞和珍的身份仍有争议，而济、兴、武的身份基本上没有疑问。但由于史料稀少，很难说我们对这个问题的理解是深入的。

在现行的日本高中教科书中，有关倭五王的段落描述了他们在5世纪初以后的一个世纪间派遣了外交使节。然而，赞最早一次遣使是在421年，武最后一次遣使是在478年，两者之间仅仅相差57年，也就是半个世纪多一点。由此可见，即便对于如此基础的事实，教科书里都存在着误导性的信息。

关于倭五王，一直以来人们最感兴趣的就是他们分别是《古事记》和《日本书纪》里记载的历代天皇中的哪几位（需要注意的是，天皇这一称号直到 7 世纪下半叶才产生）。过去的研究也将《古事记》和《日本书纪》与中国的《宋书·倭国传》里记载的倭五王进行了比较。

最近的研究显示，《古事记》和《日本书纪》并不完全是后世编造出来的故事，其背后具有一定的事实根据，研究工作也以此为前提展开。因此，有关倭五王的研究也是以《古事记》和《日本书纪》为中心，《宋书·倭国传》只不过在史料价值上加以补充而已。然而，这两者的可信度，也就是史料的价值，到底孰优孰劣呢？

《宋书》的作者沈约曾出仕于南朝宋（刘宋）、齐、梁三个朝代。该书最终写成于 6 世纪早期，也就是梁朝的时候。但沈约在 487 年，也就是刘宋灭亡的 479 年的八年后得到了编撰史书的敕令，在次年，也就是 488 年就完成了本纪（记录每个皇帝的事迹）和列传（记录人臣的传记）。本纪和列传共 70 卷，沈约仅用一年时间就写完了。

然而，沈约在《宋书》的自序中提到，他写作《宋书》的时候参考了刘宋留下来的史书。由此看来，《宋书·倭国传》的内容，尤其是前半部分，很可能是在刘

倭五王： 日本的王位继承与五世纪的东亚

宋时就已经写好了。

另一方面，《古事记》成书于712年。太安万侣在序文里提到了该书编撰的经过，他说自己在天武天皇在位的时期，由于担心当时的帝纪、本辞等各氏族收藏的记录存在诸多错误，因此着手编撰此书，后来天武天皇去世，工作一度中断，之后他在元明天皇的时代继续并完成了编撰。《日本书纪》则没有序文残留，因此该书的编撰过程存在许多我们不清楚的地方，不过大体上可以认为681年颁布编撰史书的诏书就标志着《日本书纪》编撰工作的开始。该书的编撰经过了将近40年，到720年才终于完成。

在研究5世纪的倭国历史时到底应该以《宋书·倭国传》还是《古事记》和《日本书纪》为重点，这一点应该是毫无疑问的。占据中心位置的应该是《宋书·倭国传》，而《古事记》和《日本书纪》则应该被看作辅助性材料。当然，此前的研究获得了丰富的成果。然而，现代日本人的潜意识里到底还是倾向于以《古事记》和《日本书纪》作为理解历史的主轴。

本书正是希望从《古事记》和《日本书纪》以外的史料着手，理解倭五王乃至5世纪倭国历史的真相。

由此我们可以看到王权、国家的组织方式、文化等层面上与《古事记》和《日本书纪》所编造的印象相差甚

前言

远的东亚历史的真实面貌。我还希望,本书能够让大家注意到只用日本的立场看待日本历史的弊端。

*

以下将介绍本书的组成部分。

序章将探讨倭五王登场前夕的事情。4世纪下半叶,中国正处于分裂的状态。这些割据政权与倭国、百济等组成了东亚国际关系中的主要国家。我们将会探讨这些国家的概况及相互之间的关系。

第1章将从5世纪初的东亚局势说起,继而描述倭五王的第一位——赞。421年,赞发起了与中国的外交活动,结束了此前延续了相当一段时间的断绝状态。我们将探讨他如此做的原因以及他的做法给日本列岛的统治带来了怎样的影响。

在第2章,我们将关注从珍到兴之间的时代倭国的动向以及东亚的局势。值得注意的是,当时东亚政治的动向与中国的各割据政权间的斗争有着相当密切的关系。另外,我们还会探讨五王的继承在倭国内部的真实情形。

第3章将关注五王中最后的一位——武。我们将以武呈上的上表文为线索,讨论与之相关的权力和文化问题,这可能会成为颠覆现代人对5世纪的固有观念的契机。

倭五王：日本的王位继承与五世纪的东亚

第4章将会把倭五王与《古事记》和《日本书纪》记载的天皇进行对比，研究其一致之处。过去的研究已经多次探讨这一问题，然而本书希望能对这些论点所包含的问题进行批判，从而整理出五王真实的形象。

在终章里，我们将把目光放在倭五王以外，转而关注大和政权在倭五王之后翻开的新篇章。

本书正文里提到学者名字时将省略其尊称。为方便读者，书中提及天皇的时候将附上其代数，需要注意的是，天皇代数以现在通行的皇统谱为准，并不代表历史事实。

希望读者能耐心读完本书。

天皇家谱系图（出自《日本书纪》）

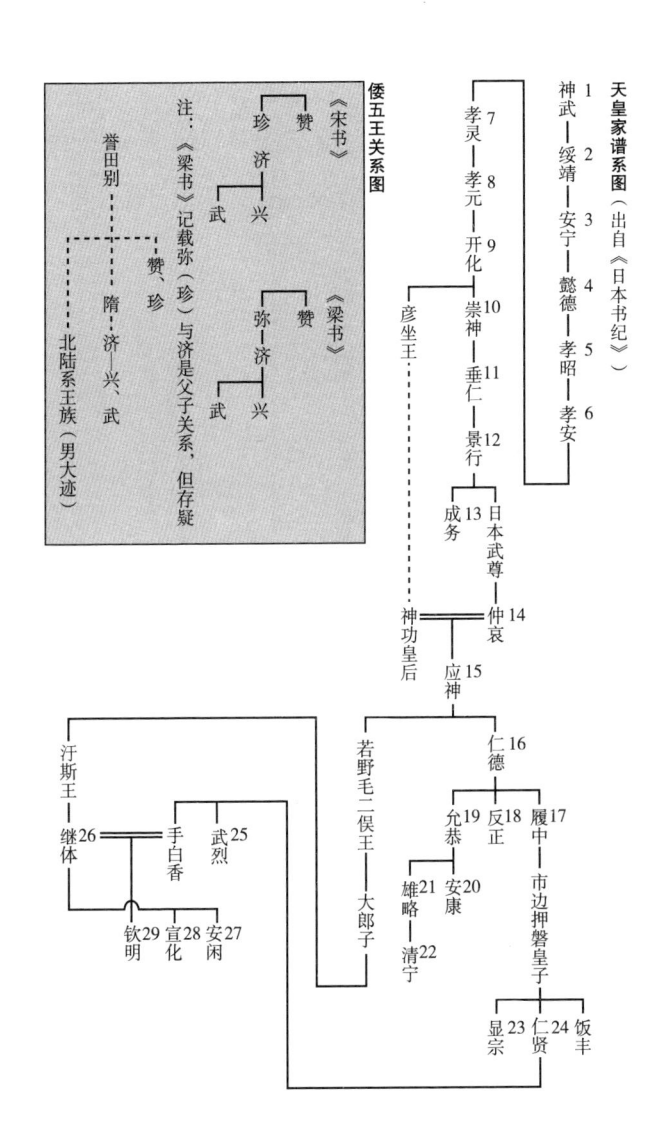

1 神武 — 2 绥靖 — 3 安宁 — 4 懿德 — 5 孝昭 — 6 孝安 — 7 孝灵 — 8 孝元 — 9 开化 — 10 崇神 — 11 垂仁 — 12 景行 ┬ 13 成务
　　　└ 日本武尊 — 14 仲哀 ══ 神功皇后

9 开化 — 彦坐王 ┄┄┄┄ 神功皇后

14 仲哀 — 15 应神 ┬ 16 仁德 ┬ 17 履中 — 市边押磐皇子 ┬ 23 显宗
　　　　　　　　　│　　　　├ 18 反正　　　　　　　　├ 24 仁贤
　　　　　　　　　│　　　　└ 19 允恭 ┬ 20 安康　　　└ 饭丰
　　　　　　　　　│　　　　　　　　　└ 21 雄略 — 22 清宁
　　　　　　　　　└ 若野毛二俣王 — 大郎子

汪斯王 — 26 继体 ══ 手白香（武烈25之妹）
　　　　　　　　┬ 27 安闲
　　　　　　　　├ 28 宣化
　　　　　　　　└ 29 钦明

24 仁贤 — 武烈25
24 仁贤 — 手白香

倭五王关系图

《宋书》
赞 — 珍
济 — 兴
　　 武

《梁书》
赞 — 弥
济 — 兴
　　 武

注：《梁书》记载弥（珍）与济是父子关系，但存疑

誉田别 — 隋、济、兴、武
　　　　 赞、珍

北陆系王族（男大迹）

高句丽王

美川王 ——— 故国原王 ——┬── 小兽林王
(300~331)　(331~371)　│　(371~384)
　　　　　　　　　　　　│
　　　　　　　　　　　　└── 故国壤王 ——— 广开土王 ——— 长寿王 ——— 助多 ——— 文咨明王
　　　　　　　　　　　　　　(384~391)　　　(391~412)　　(413~491)　　　　　　(492~519)

百济王

近肖古王 ——— 近仇首王 ——┬── 枕流王 ——— 阿莘王 ——— 腆支王 ——— 久尔辛王 ——— 毗有王
(346~375)　　(375~384)　│　(384~385)　　(392~405)　　(405~420)　　(420~427)　　(427~455)
　　　　　　　　　　　　　│
　　　　　　　　　　　　　└── 辰斯王
　　　　　　　　　　　　　　　(385~392)

毗有王 ——┬── 女 ══ 昆支 ——┬── 女 ══ 昆支
　　　　　│　　　　　　　　│
　　　　　├── 文周王　　　　├── 三斤王
　　　　　│　(475~477)　　　│　(477~479)
　　　　　│　　　　　　　　├── 东城王
　　　　　│　　　　　　　　│　(479~501)
　　　　　└── 盖卤王　　　　└── 武宁王
　　　　　　　(455~475)　　　　　(501~523)

新罗王

阏智 ┄┄┬┄┄ □ ┄┄┬┄┄ 实圣尼师今
　　　　│　　　　│　　(402~417)
　　　　│　　　　└── 奈勿尼师今 ——— 讷祇麻立干 ——— 慈悲麻立干 ——— 照知麻立干
　　　　　　　　　　　(356~402)　　　(417~458)　　　(458~479)　　　(479~500)

注：数字指在位时间

序　章

4世纪后期的东亚

——倭国的"空白"时代

我们从东亚的角度考察倭五王的时候，不得不关注两个问题：他们的行为背后依据的是怎样的国际关系？这种关系是在什么时候形成的？为此，我们必须回溯倭五王登上东亚历史舞台之前的历史。

在日本古代史界，倭五王登场前的公元4世纪往往被称为"空白的4世纪"，这是因为同时代的文献史料里几乎完全没有记载倭国的事情。因此，我想要通过中国与朝鲜半岛的史料来描述倭五王登场前的东亚总体局势，从而了解当时倭国的动向。

倭五王：日本的王位继承与五世纪的东亚

1. 与百济的军事同盟
——七支刀告诉我们什么

刻在七支刀上的"倭王"

倭五王指的是东亚国际关系史上五位以倭王（或倭国王）的头衔出现的倭国国王。然而，在他们之前还有一位被称作倭王的人，关于他的记载出现在一把刀上的铭文里，这把刀名为七支刀（图0-1）。

七支刀是石上神宫（今奈良县天理市）传世至今的神宝，以形状奇异著称。刀身两边都刻有文字，铭文里镶嵌黄金。铭文有数处由于黄金脱落而难以辨认，学者对此也有争议，但主流的解读是这样的：

正面铭文：

泰□四年□月十六日丙午正阳，造百炼铁七支刀。□辟百兵，宜供供侯王。□□□□作。

图0-1 七支刀

序　章　4世纪后期的东亚

解读：

泰□四年□月十六日丙午，在正午时刻，用精制铁材打造七支刀。（如佩带此刀则）能避免刀兵之灾，适合礼仪端正之侯王佩带。□□□□制作。

背面铭文：

> 先世以来，未有此刀。百济王世□奇生圣音，故为倭王旨，造传示后世。

解读：

这种刀前所未有，百济王世子奇受保佑降生，故为倭王旨制作（这把刀），希望（将百济与倭国的关系）展示于后世。

正面的铭文主要是与七支刀的效力相关的祝福语，背面则记载了七支刀制作的经过。从背面铭文的内容可以看出，七支刀是百济送给倭国的礼物，百济方面希望用流传后世的七支刀来祝愿两国关系能够延续。

再来考察铭文中的关键字眼。首先是开头的"泰□四年"，指的是东晋太和四年（369）。"太和"与"泰和"虽然用了不同的字，但在《隋书·经籍志》中，东晋太和年间的记录被记作"晋泰和起居注"，由此可见"泰""太"二字是相通的。

倭五王：日本的王位继承与五世纪的东亚

其后提到了百济王的世子（世继），这位名字叫作奇的王子为倭王制作了七支刀，正是在这里出现了倭王的字眼。针对"倭王旨"的"旨"字有几种解释：有人认为"旨"是"旨意"，意为倭王的意愿（山尾幸久）；有人认为是"尝"（嘗）字的省略写法（宫崎市定）；有人认为是"高超"之义（吉田晶）；还有人认为是人名（川口胜康、铃木靖民等），至今未有定说。

学者还通过赠予七支刀一事对百济与倭国的关系进行推断，形成了四种主要的说法。第一种说法为七支刀是东晋授予倭国的物品，百济只不过是中间人（栗原朋信）。第二种说法为七支刀是百济进贡给倭国之物（福山敏男、榧本杜人）。第三种说法为七支刀是百济赏赐给倭国之物（金锡亨）。第四种说法为，七支刀是对等关系的两个国家间的礼物（吉田晶、铃木靖民）。

虽然围绕七支刀的铭文尚有诸多疑问，但可以确定的是，七支刀是百济在369年打造的，目的是祈愿与倭国的关系能永远延续下去。

为何七支刀会来到倭国？而铭文中出现的倭王又是一个怎样的人呢？为了解答这些问题，我们还得追溯一下之前的历史。

序　章　4世纪后期的东亚

高句丽出兵百济及其背景

首先让我们关注东晋太和四年（369）这个年份。这年九月，高句丽的故国原王发兵两万南下百济，百济的近肖古王在雉壤迎战并将其击退。高句丽在两年后的371年又发动了一次攻击，同样被百济击退了。

高句丽之所以频繁试图南下，其实与东晋十六国时期的局势有关。中原自公元4世纪初以来陷入分裂，辽东地区被鲜卑族建立的前燕王朝割据，而高句丽则长期以来受到前燕的侵扰。

333年，奠定了前燕立国基础的慕容廆去世，其子慕容皝与慕容仁争位，最终慕容皝胜出，在336年杀害慕容仁，并于次年即位，前燕正式建国。在这一过程中，慕容仁的家臣逃亡到了高句丽，其中就有一个名叫冬寿的人。

冬寿逃亡到高句丽，后死于357年。发掘于1949年的安岳三号墓就是冬寿的坟墓，墓壁上的墓志记载了当时事情的经过（冈崎敬）。

> 永和十三年十月戊子朔廿六日癸丑，使持节都督诸军事、平东将军、护抚夷校尉、乐浪相、昌黎、玄菟、带方太守、都乡侯、幽州辽东平郭都乡敬上里，

倭五王： 日本的王位继承与五世纪的东亚

> 冬寿，字□安，年六十九，薨官。

由此可见，冬寿在逃亡高句丽之后还保留了前燕官职，并且拥有很大的势力。对于前燕来说，高句丽收留了前燕的敌对势力，可能对其构成威胁，因此前燕对高句丽采取了敌视的态度。事实上，公元4~5世纪，出于政治原因逃亡到高句丽的人不在少数。

感受到威胁的前燕采取了军事行动。342年，前燕进攻高句丽，占领了王都丸都城，故国原王被迫单人匹马逃走。丸都沦陷后，前燕军队挖开了前代的美川王的坟墓并夺走了遗骨，又抓走了故国原王的母亲和妃子，在抢掠了一番财宝和人口之后便撤退了。

这一事件对高句丽造成了沉重的打击。次年，故国原王向前燕称臣，以此换回了美川王的遗骨。然而他的母亲作为人质继续留在前燕，她三番五次提出回高句丽的请求都遭到了拒绝，最终在355年才得以返回。

由此可见，前燕给高句丽带来了巨大的负担；而对前燕而言，高句丽也是一个相当麻烦的邻居。

局势在东晋太和四年（369）发生了改变。当年四月，东晋桓温决心出兵攻打前燕，辽东一带顿时变得不安起来。正是在前燕动弹不得的情况下，高句丽发动了对百济的战争。

东晋在369年进攻前燕的军队被击退，而在这场战争中立下战功的慕容垂与当权的慕容评之间的矛盾日益加深，最终慕容垂逃亡到前秦。370年，前秦入侵前燕，失去了名将的前燕不堪一击，最终皇帝慕容暐被擒，前燕灭亡。

高句丽正是在前燕灭亡、西边没有后顾之忧的情况下，于371年再度攻打百济的。由此可见，东晋、前燕等各政权间的争斗与百济等国的局势有着直接的联动关系。

百济的外交政策——派遣到东晋与倭国的使节

面对高句丽的南下，百济近肖古王在371年的冬天发起反击，出兵围攻高句丽的平壤城。故国原王在防守战中中流矢而死，战争以百济的胜利告终。战后，百济将都城迁往汉城，其国势到达了第一次高峰。由此，百济实施了两项外交政策，其一是开始向东晋朝贡，其二是建立与倭国的外交关系。

先看看向东晋的朝贡。向东晋遣使跟百济迁都本身有着密切的关系。汉城位于朝鲜半岛西岸的中部，在今天的首尔附近。如果要前往中国的话，从汉城只需要稍向北走，之后渡过黄海，就能到达山东半岛。由于前燕灭亡，

倭五王： 日本的王位继承与五世纪的东亚

当时山东半岛正处于东晋的势力范围之内，因此百济能够安全地向东晋朝贡。自此以后，东晋与百济建立了友好关系，这种外交关系将在以后发挥能够决定东亚局势的重要作用。

东晋咸安二年（372）正月，百济向东晋朝贡。东晋方面立即做出了反应：同年六月，东晋向百济派遣册封使，任命近肖古王为镇东将军、领乐浪太守。百济在次年（373）再次派遣使节，此举明显是要迅速强化与东晋的关系。

另外一项外交政策则是建立与倭国的外交关系。倭国与百济外交关系的建立在《日本书纪》中也有记载。在《日本书纪·神功皇后摄政前纪》仲哀天皇九年十月辛丑条中，百济第一次登场。书中记载，神功皇后降服了新罗，得知此消息的百济与高句丽则向她提出了投降的请求。这就是所谓的神功皇后"征讨新罗"与降服三韩的故事，我们当然不能将其看作真实的历史事件。说到底，这一记载反映了《日本书纪》成书的年代，也就是 8 世纪的时候，律令国家为了使自身的统治合理化而构筑的历史观。

日本律令国家单方面认为朝鲜半岛的诸国都是应该向日本朝贡的臣下之国（蕃国），其中包括当时已经灭亡的百济。为此，他们有必要解释这种朝贡关系的由来。因此，在编撰《日本书纪》的时候在神功皇后功绩（这段

序　章　4世纪后期的东亚

记载本身也是编造的）里又强行加入了百济臣服的虚构内容。

赠送于372年的七支刀

然而，我们不能一概认为《日本书纪》里所载的内容都是8世纪的人捏造的。比如说《神功皇后纪》中有一条关于倭国与百济间外交关系的记录：

> （百济）久氐等从千熊长彦诣之，则献七枝刀一口、七子镜一面，及种种重宝，仍启曰："臣国以西有水，源出自谷那铁山，其邈七日行之不及，当饮是水，便取是山铁，以永奉圣朝。"（摄政五十二年九月丙子条）

在这里出现了"七枝刀"。神功皇后摄政五十二年简单换算为公元纪年的话是252年，但是《日本书纪》明显把原本的记录往前调了120年，这件事实际上发生在372年。这么说，七支刀应该是制作于369年，并于372年送到了倭国。

那么，在倭国与百济之间七支刀的授受背后有着怎样的外交实情？

倭五王： 日本的王位继承与五世纪的东亚

我们应该注意到，高句丽在369年南下但暂时被击退，然而事情并未就此结束。百济正是为了解决与高句丽的问题而展开了和倭国的外交活动，这就是倭国与百济结成的反高句丽同盟。

百济虽然在战场上取得胜利，还杀死了故国原王，但他们可能并不认为高句丽以后不会再次来袭。为此，百济着手强化对外关系，在372年建立了与东晋以及倭国的外交关系。七支刀正是其象征。

倭国与百济的对等同盟

从这种对外关系的角度观察，七支刀授受背后的意图就变得很明显了。

我们先看中间人说。百济于372年与东晋建立外交关系，而制作七支刀则是在369年。从事情发生的先后顺序来看，认为百济扮演了东晋授予倭国七支刀的中间人的说法明显是矛盾的，因此不能成立。也就是说，七支刀与东晋并无关系，必须将其放在倭国与百济间关系的脉络下加以解读。

东晋说的论据之一是七支刀上出现了东晋的年号。这一点我将在第1章讨论。

倭国与百济的关系是应对高句丽南下的军事同盟。那么两国分别要对高句丽采取怎样的行动呢？简单而言就是

序　章　4世纪后期的东亚

百济与高句丽直接对决，倭国则向百济派出援军。这么说来，百济是请求援助的一方，倭国在同盟中应该处于有利位置。然而，在371年，百济以一己之力击退了高句丽的入侵，倭国并没有在军事行动上发挥作用。这么说来，百济就完全没有向倭国臣服的必要。也就是说百济进贡说也是不能成立的。

反过来说，百济赏赐给倭国的说法又如何呢？实际上，当时朝鲜半岛生产一种倭国依赖的重要资源，那就是铁。日本列岛当时并不产铁，因此保证铁的供应就是倭国的重要课题。上文引用的《日本书纪》神功皇后摄政五十二年条中也提到了铁的赠送。然而，倭国的铁主要来自朝鲜半岛南部的加耶区域（铃木靖民），很难想象倭国会仅仅因为失去了百济的供应就陷入困境。因此倭国并没有从属于百济的必要，赏赐说也是不成立的。

这么一来，我们就应该把两国看成对等的关系。当时确实出现了高句丽南下这么一个问题，但两国的同盟关系是出于一致的共同利益才建立的。正是在这个时候，倭国与百济间深厚的关系开始建立。

倭王的真正面貌

那么，在当时与百济订立军事同盟的"倭王"是谁

倭五王：日本的王位继承与五世纪的东亚

呢？为了寻找这个问题的答案，我们需要弄清楚当时日本列岛的社会状况。

4世纪后期是日本的古坟时代。关于如何解释古坟时代，考古学家们尚有许多细节上的争议，但大体而言，古坟在当时的社会里起到了宣示政治统一的作用。

一般认为，古坟时代始于3世纪中叶，一直延续到6世纪末。过去学者们把古坟时代分为前后两期，而现在则更倾向于划分成三期。另外，学界普遍认为7世纪是古坟时代的终结。

在各种古坟之中，最重要的一种是前方后圆坟。这种坟只有各地的首领才能建造，是权力的象征。而在后来被称作畿内的地方又集中出现了200米以上的巨型前方后圆坟。这些古坟中有不少是需要拥有极大权力才能建造出来的，很有可能是当时倭国王权持有者的坟墓。

畿内的巨大前方后圆坟集中出现在五个区域，而且可以看出，每个区域里分别有一个势力相继建造了该区域的古坟群。这五个古坟群是奈良盆地东南部的大和－柳本古坟群、北部的佐纪古坟群、西部的马见古坟群、大阪河内地区的古市古坟群以及和泉地区的百舌鸟古坟群。

这些古坟群被认为是当时当地大王辈出的标志，它们的消长顺序是这样的：最初出现的是大和－柳本古坟群，

序　章　4世纪后期的东亚

之后佐纪古坟群在4世纪崛起，古市古坟群在4世纪末取而代之，马见古坟群在5世纪初达到顶峰，但它的势力比不上古市古坟群，而在5世纪中叶，百舌鸟古坟群似乎取代了古市古坟群。另外，随着时代的推移，前方后圆坟发展得越来越大，百舌鸟古坟群之中的大山古坟是最大的一个，这点也是广为人知的。

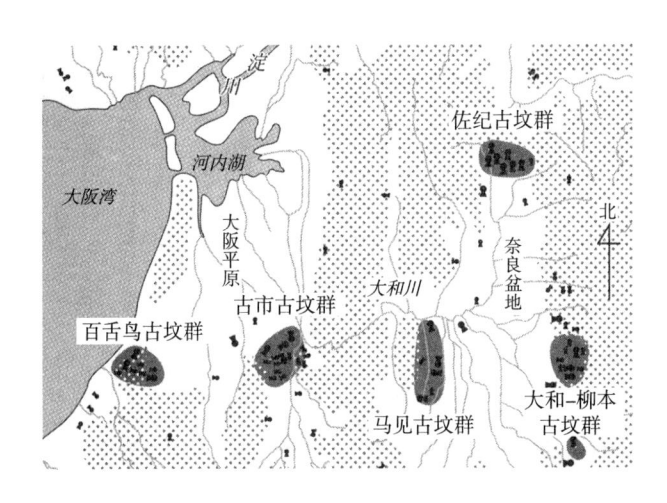

图0-2　古坟群图（3世纪中叶~6世纪）

不难看到，从巨大前方后圆坟变迁的意义上说，倭国与百济建立军事同盟并正式参与朝鲜半岛事务的4世纪后期，正是权力从佐纪古坟群向古市古坟群转移的时期。

佐纪古坟群位于奈良盆地，而古市古坟群与之不同，

倭五王：日本的王位继承与五世纪的东亚

坐落于大阪。如果要通往朝鲜半岛的话，濑户内海是必经之路。七支刀上提及的"倭王"既然采取了强化与百济关系的政策，那么保持联系通道自然是他要解决的重要问题。如此看来，可以认为他为了这一目的而建造古坟，从而使该区域成为据点。

然而，我们并不能草率地认为大阪地区是当时的政治中心。佐纪古坟群与古市古坟群都处于大和川及其支流的流域范围内，从交通层面看两者位于同一通道上，我们不应该武断地认为两者间是断绝的关系。尤其是当时的大阪平原上存在一个巨大的湖泊，名叫河内湖（『新修 大阪市史』）。撇除交通便利的因素，它作为国内政治中心的地理条件其实并不好。古市更可能是作为交通要冲而发展起来的第二据点。话虽如此，我们依然不应该小看"倭王"离开佐纪而在古市建造古坟的意义。

"倭王"一改前王的做法，重视与朝鲜半岛的关系，以河内地区为据点建立了与百济的外交关系。可以说他是一位使当时的外交政策为之一新的领袖人物。这正好为即将到来的倭五王时代的国际竞争拉开了帷幕。

高句丽与新罗

另一方面，后来与高句丽、百济形成鼎立之势的新罗

序　章　4世纪后期的东亚

在当时采取了何种立场呢?

新罗原本是位于朝鲜半岛东南部的辰韩所建立的斯卢国。跟百济一样,新罗在4世纪中叶崛起。在这一时期可以确认的是新罗于366年和368年与百济进行了外交活动。然而在373年,两国围绕如何处理从百济往新罗逃散之人的问题产生对立,可见双方关系并非一帆风顺。

新罗位于朝鲜半岛的东南部,从地理位置看,它与前秦等政权之间的交通并不方便,必须经过百济等国的势力范围。在这种状况下,新罗于377年第一次向前秦派遣了使者。当时,新罗的使者伴随高句丽使者向前秦朝贡,高句丽的遣使起到了媒介的作用。由此我们也能看到,当时高句丽应该介入了新罗的外交事务。

这种对他国外交的介入是一个重要的问题。对高句丽而言,充当新罗向前秦朝贡的媒介在政治上有两层意义。其一,通过把以前从未朝贡的新罗使者带到前秦,以此赞颂前秦皇帝(苻坚)的仁德,高句丽给前秦留下了一个良好的印象,以便以后顺利地发展双边关系。前秦在370年攻灭前燕,从而扩大了势力范围。这时候高句丽成了前秦的警惕对象,而高句丽在是否应该与前秦为敌的问题上相当谨慎。

倭五王： 日本的王位继承与五世纪的东亚

其二，高句丽通过这种方法向前秦展示新罗从属于高句丽，从而凸显自身的实力。这一点与高句丽主张的对外立场也有联系。新罗在4世纪后期登上国际舞台的时候，曾受到高句丽对外活动的强烈限制。

距离中原王朝较远的国家通过交通通道上的某一媒介进行朝贡，这种做法叫作重译。这是因为从中华思想来看，与中原不接壤的外族通过邻近中原的地区来朝，在过程中需要"多次翻译"。在古代，中原附近的很多国家利用这种思想带着其周边国家一起向中原王朝朝贡，我们可以把这种外交方式称为"重译外交"。

新罗于383年再次向前秦遣使，但这次却没有记载说他们跟随高句丽的使者而来。然而，从交通道路与高句丽和前秦关系等因素来看，这次遣使很有可能是在高句丽的监督下进行的。

新罗虽然在4世纪60年代与百济通使，但到了70年代后却加入了高句丽的阵营。这一外交政策的转变的背后有高句丽的影响。高句丽面对371年故国原王战死带来的冲击，暂时停止南下进攻百济所在的半岛西岸，为了恢复失地，转而加强了在半岛东岸的力量。373年新罗与百济的外交对立可能也是受到了高句丽的影响。

2. 高句丽的飞跃，倭国渡海
——广开土王碑的真相

淝水之战——前秦与东晋的决战

随着 371 年百济对高句丽取得大胜，以百济为中心的新秩序逐渐建立起来。另一方面，前秦也逐渐在中国北方获得了压倒性的力量。

前秦在 370 年灭了前燕，376 年灭了汉族政权前凉，又迫使鲜卑族的代国从属于自己，至此统一了华北地区。现在离统一天下就只剩下南边的东晋了。为此，苻坚于 383 年率领号称总数一百万的军队南下，意图灭亡东晋。东晋派遣军队迎击前秦军，双方在建康西北方向、淮河的支流淝水对峙，这是一场决定天下大势的大战。

双方兵力存在压倒性的差距。然而，在交战刚开始的时候，东晋军成功挫败了具有人数优势的前秦先锋部队。苻坚对此采取了过分谨慎的态度。他命令军队向后退，打算等东晋军渡过淝水的时候发动攻击，然而这却是致命的错误。前秦的大军一开始后退就难以停止，这时又有汉人将领倒戈，东晋军趁势追击，前秦军瞬间大败。据说在这一场战役里前秦损失了七八成将士。

倭五王：日本的王位继承与五世纪的东亚

东晋军队获胜的消息很快传回了建康。宰相谢安收到消息的时候正在跟客人下棋，客人问他发生了什么事，他只是若无其事地回答了一句"小儿辈大破贼"。然而等客人辞别之后，他高兴得在房间里手舞足蹈起来，连折断了屐齿都不知道（《世说新语》）。此次战役的胜利使东晋的统治得以延长了半个世纪。

战败后的苻坚很快失去了斗志，而那些在前秦统一华北期间归降的五胡势力，如鲜卑族的后燕、西燕，羌族的后秦，氐族的后凉等相继反叛。最终苻坚在失意中被杀，强盛一时的前秦也迅速衰落，在394年就灭亡了。

对朝鲜半岛的影响

淝水之战的影响同样波及东亚其他地区。在战役发生的次年，即384年，百济向东晋遣使。在这一年，百济近仇首王去世，枕流王即位，这次遣使的目的应该是报告王位的更迭，但很可能还包括祝贺东晋的胜利。枕流王仅仅在位两年，在385年去世，继位的辰斯王则于386年获得东晋的册封。史书上并没有记录外交活动，但王位更替之际百济应该是有派遣使者向东晋报告的。百济每次王位更替时都获得了东晋的册封，双方的关系不断获得强化。

序　章　4世纪后期的东亚

另一方面,随着前秦政权的瓦解,辽东地区的局势趋于混乱。东晋太元十年(385)六月,高句丽出兵攻陷辽东郡和玄菟郡。后燕对此做出反击,并在十一月夺回两郡。因为双方的交战,辽东出现大量流民,其中不少经由幽州、冀州进入了高句丽。

这一时期在位的高句丽王是小兽林王(371～384年在位)和故国壤王(384～391年在位)。据说小兽林王在373年颁布了"律令"。这里的"律令"不一定是中原式的成文法典,我们可以将之理解为对统治制度的进一步整理。故国原王在371年战死后,高句丽接收了许多从辽东地区迁出或逃离辽东地区的人。这些人进入高句丽或许会引起一些摩擦,成为社会不安的因素,但同时,流入人口的增加也可以成为任用人才的好机会,从而让高句丽迅速恢复实力。

377年,高句丽带着新罗使者一同出使前秦,这是它当时已经恢复到能在朝鲜半岛东南部施加影响力的证明。东晋太元十七年(392)正月,新罗又向高句丽派遣了质子。

高句丽力量的恢复同样意味着对百济战争的重新开启。早在淝水之战前后的376～377年以及386年,高句丽便多次南下攻击百济。百济也做出了围攻平壤城等反击。双方的角力陷入了胶着,朝鲜半岛西南部也因此延续着紧张的态势。

倭五王：日本的王位继承与五世纪的东亚

广开土王的登场与飞跃

在这种局势下，391年高句丽出现了一位新的王，这就是广开土王。广开土王名叫谈德，在史书中则记作"安"。他的谥号是"国冈上广开土境平安好太王"，谥号是他死后获得的称号，意义是开疆拓土、让社会得以安宁的伟大的王。所谓"广开土王"和"好太王"都是这个谥号的略称。他生前则被称作永乐太王。他统治高句丽22年，其间高句丽的实力得到了飞跃的发展。

广开土王在位期间连年征战，广开土王碑记载了他的军事活动。广开土王碑位于中国吉林省集安市，由414年广开土王之子长寿王所立，上面记载着广开土王生前的事迹以及管理他陵墓的守墓人的信息。碑文内容可以分成三部分。第一部分记载了从神话时代直至广开土王去世期间高句丽的历史；第二部分记载广开土王的功绩，按照年代顺序记录了他开拓的土地；第三部分则是管理、守卫广开土王陵墓的守墓人的列表。

对广开土王功绩的记述以395年亲征稗丽（契丹）为序幕，依次记载了396年亲征百济，398年讨伐肃慎，399年击退倭人，400年进攻倭、安罗，404年与倭进行海战，407年与百济交战（但没有记录国名），以及410

序　章　4世纪后期的东亚

年亲征东扶余。终其一生,广开土王马不停蹄地扩张了高句丽的范围。在所有交战对象之中,倭国是出现次数最多的国家,由此可见广开土王应该是以倭国作为他最大的敌人的。

图0-3　广开土王碑拓本（正面）

倭五王：日本的王位继承与五世纪的东亚

在广开土王碑中出现的民族或国家除了上述的几个以外还有韩和秽（濊），广开土王攻击并掠夺了它们。韩是朝鲜半岛南部诸小国的总称，高句丽把韩和濊纳入势力范围，并在碑文中高调宣告了这些事情。从这些国家与民族的名称也可以看出《三国志·魏书·乌丸鲜卑东夷传》中记载的众多民族在当时依然存在。广开土王对周边采取的长期军事行动破坏了原有的民族势力平衡，一些国家或民族在此以后消失了。

编撰于11世纪的《三国史记》也记载了高句丽连年出兵百济和后燕。然而《三国史记》中关于广开土王的记载存在年代错误，为此有必要借助碑文的内容加以修正（武田幸男）。

虽然在碑文上没有记载，但当时高句丽同样加强了对新罗的压迫。392年，高句丽接收了新罗的质子。401年，质子实圣回国并于次年即位，但新罗在412年再次向高句丽派遣了质子。

当时的地缘政治对新罗并不有利：北方是具有强大影响力的高句丽，西方则是与高句丽对立的百济。如果想要与东晋等王朝交往，新罗就必须通过高句丽或百济，但国内的制度整合也一直没有进展。此外，新罗的南方还有倭国的势力。倭国一直通过与加耶的巩固关系对这一地区进行干涉。

序　章　4世纪后期的东亚

关于新罗与倭国关系的记载，有364年的倭兵入侵并被击退，以及393年，倭人围攻金城但没有攻陷而退兵，途中遭到新罗的奈勿尼师今追击。看来4世纪后期倭国与新罗之间主要处于敌对和冲突的状态。这很有可能是因为新罗受到高句丽的掣肘，被要求与百济的同盟国倭国进行代理战争。

倭国渡海——辛卯年条的真相

广开土王碑中关于高句丽与倭国关系有怎样的记载呢？

碑文中有一句最为有名又最具争议的话：

> 百残新罗，旧是属民。由来朝贡。而倭以辛卯年来渡，每破百残，□□新罗，以为臣民。

从字面上理解，这句话的意思是说百残（百济）和新罗本来从属于高句丽，但在辛卯年（391）遭到倭国袭击，两国成了倭国的臣属。

在第二次世界大战以前，这段碑文被看作日本统治朝鲜半岛南部的证据，从而为日本的殖民统治提供了支持。战后有学者认为，广开土王碑遭到日本军参谋本部用石灰

倭五王：日本的王位继承与五世纪的东亚

涂改，碑文被篡改成有利于日本的内容（李进熙），碑文的可信性从而受到了质疑。但现在已经明确，石碑上的石灰是制作拓本的时候匠人为了使字迹清晰而涂上去的，而且围绕更早制作的拓本所进行的研究也陆续展开了。

近代以来围绕碑文的内容产生了激烈的争论。有一种观点批判了二战前的倭国统治论，认为"渡海"的主语并非倭国而是高句丽，说的是高句丽迫使百济与新罗臣服的事情。

然而正如武田幸男所指出的那样，这一句话的作用是为后文高句丽击败倭国一事提供背景，因此改变主语是不合理的。也就是说，倭国确实于391年在朝鲜半岛展开了军事活动。

那么我们要解答的问题就是，百济与新罗真的在391年以前是高句丽的附属国，在那以后又成了倭国的附属国吗？

我们首先再次确认一下新罗与高句丽和日本的关系。按照碑文的内容，高句丽在391年应对倭国的侵略，在396年攻击了百济。碑文没有提到新罗，应该是默认新罗此时是倭国的臣属。

然而，高句丽却在392年接收了新罗的质子。正如上文所说，高句丽在391年以前已经可以对新罗施加强大的影响力，而广开土王即位后，又以质子的方式加强了对新

序　章　4世纪后期的东亚

罗的制约。因此我们不得不认为所谓新罗臣服于倭国的说法并非事实。

百济的情况又是怎样的呢？根据碑文记载，在上述391年的事件之后，广开土王在396年攻打百济并迫使其臣服。这时候高句丽并不是跟百济的宗主国倭国交战，而是与百济交战，理应是宗主国的倭国则完全没有出现。说到底，391年以前百济曾经在与高句丽的战争中降服的说法也是不可信的。两国之间更像是势均力敌的对立关系，故国原王的战死就是其证据。

再者，碑文中公然把百济称作"百残"。"残"是个贬义的用字，这强烈地表现出高句丽对杀害了故国原王的百济的憎恶。由此可见百济向来是高句丽的敌人，而且并不从属于倭国。

简而言之，百济和新罗在391年成为倭国附属国的说法并不成立，百济在此以前也不从属于高句丽。那么碑上的这句话到底应该如何理解呢？为了回答这个问题，我们要考虑414年高句丽立碑时的处境。

从高句丽的立场出发，广开土王在位年间正是他们加强对半岛南部施压的时代。具体而言，高句丽的目的是迫使新罗、百济等国臣服。为了正当化这一目的，最好的办法是主张两国本来就从属于高句丽。描述倭国迫使两国臣服，而广开土王夺回了两国的故事正是要为高句丽统治南部提供正当的理由（武田幸男、李成市）。

在广开土王向南扩张势力的同时，倭国不得不登上半岛的政治舞台。倭国建立了与百济的外交关系，加强了与加耶地区的联系，还对新罗施加压力。然而对大海对面的人来说，倭国是一个实体不明且不友好的存在。

广开土王碑中对倭国的记载反映了高句丽的动向。高句丽对半岛南部的军事攻势越是强劲，倭国在当地反而越有存在感。

来自骑兵的冲击——与高句丽的战争

倭国与高句丽的战争有两种模式。

一种模式是陆战。据记载，倭国军队在400年入侵新罗的时候，高句丽派遣步骑兵五万迎击。倭军一开始试图退却，但遭到高句丽军追击而溃散。倭军从来没有与具备冲击力和破坏力的骑兵战斗过，在可怕的骑兵面前束手无策。

与高句丽发生的军事冲突让倭国发现了一种新的事物，那就是马。马原本并不存在于日本列岛。《魏志·倭人传》记载倭国"其地无牛马虎豹羊鹊"。马起源于欧亚大草原，大约在公元前2000年驯养成功，之后逐渐向各地推广。

序　章　4世纪后期的东亚

　　碑文高调记录了广开土王的胜利。倭军惨败这件事当然存在赞扬广开土王的意图，但我们基本上可以认为这件事是可信的。毕竟倭军面对的是马这种当时的高级武器，惨败也是必然的结果。

　　战斗的另一种模式是海战。按照碑文的描述，倭军在404年入侵了带方郡附近海域。他们的行军路线应该是沿着百济的海岸北上，双方之间的战斗则在船上进行。倭军可能是因为害怕高句丽的骑兵而选择了乘船进攻。

　　与骑兵的遭遇战也促使倭国引入马匹。现在可以确认，日本东部在5世纪已经有养殖马匹的迹象。长野县饭田的宫垣外遗迹发现了马的全身骨骼，群马县甘乐郡的西大山遗迹一号坟则出土了马具。甘乐郡这一地名起源于加罗，是渡来人聚居的地方。此外，6世纪的群马县涩川市白井遗迹群也发现了马蹄的遗迹，当地应该有在养马。另外还发现了用马殉葬的情况，这种做法在日本其他地方都没有出现，大概是渡来人带来的习俗。

　　马并不只是作为一种动物传入了日本。野马的性格非常刚烈，驯养马是相当困难的。因此，伴随马一起传入的还有把马培育成家畜这种重要的技术。另外骑马需要各种马具，包括马鞍、马镫、笼头、辔头、蹄铁、马衔等。

倭五王： 日本的王位继承与五世纪的东亚

在倭五王的时代，马的确已经传入了倭国。倭国也具备了与马配套的养殖技术与马具，形成了稳固的先进技术。把这些东西带到倭国的是渡来人，而此事发生的契机则是倭国与高句丽的战争。无论在哪个年代，战争都是促进技术革新的催化剂。

图 0-4 攻城图（三室塚）

之后在东晋义熙八年（412）十月，广开土王去世，享年三十九。这在当时的标准看来都算英年早逝了。这位高句丽王的影响波及东亚，极大地改变了这个原本存在诸多民族的地区。在他死后，高句丽、百济、倭国三足鼎立的政治局势形成了。这正是倭五王登场前发生的事情。

第1章

赞派遣使节

——重启中断150年与中国的外交

在倭五王的时代，倭国通过与中原王朝的外交活动积极地参与东亚的国际关系。在那之前，倭国最后一次向中原王朝派遣使节是在266年，当时还是西晋时期，遣使的是邪马台国，之后双方的关系就断绝了。倭国的身影在整个4世纪都没有在中原王朝出现。

而到了5世纪，倭五王再次向刘宋遣使。这种外交活动是在怎样的背景之下进行的呢？本章将探寻遣使的经过，由此刻画出当时倭国与东亚其他国家的关系。

倭五王：日本的王位继承与五世纪的东亚

1. 高句丽派遣的倭国伪使
——东晋灭亡，刘宋建立

高句丽、倭国的使节派遣

413年，继广开土王之后巨连成为新的高句丽王。他去世于491年，在位达79年之久，死后被称作长寿王。长寿王继位的那一年，东亚局势出现了一次剧变。

高句丽在那一年向东晋派遣了使节。高句丽上一次向东晋遣使是在343年，中间隔了70年。既然这件事情如此不寻常，我们就有必要探讨事件背后的含义了。在那以后，东亚其他国家的局势还将进一步把中国卷入其中。

还有一件值得我们注意的事情。在同一年，倭国也向东晋派遣了外交使节。倭国上一次向中国遣使已经是将近150年前了。倭国在4世纪一直没有与中国进行外交活动，这次的遣使却打破了之前长久的沉默。

如果这两个事件都是真实的话，在那一年前后，东亚的局势一定发生了某种变化。尤其需要考虑的是，高句丽与倭国在同一年都向东晋遣使，这到底意味着什么呢？围绕这个问题，不同的理解方式会影响整个事件的性质。

第1章 赞派遣使节

两国的朝贡在《晋书·安帝本纪》义熙九年条是这样记述的：

> 是岁，高句丽、倭国及西南夷铜头大师并献方物。

单从这句话来看，我们可以获得的信息只有高句丽、倭国等在东晋义熙九年（413）带着贡品来朝。不过，我们还有另一则史料《义熙起居注》作为补充。

起居注专门记录皇帝的日常生活，里面也包含了政务相关的内容。这些记录是编撰史书时使用的原始材料，到皇帝去世的时候要编撰记录他在位时事迹的实录。王朝灭亡之后，史家利用实录和其他资料编成完整的史书，这是史书编撰的主要程序。史书的主要构成部分是本纪和列传，本纪是以在位皇帝划分的编年史，列传则记载人物、外国等的事迹。因此，外国使者朝贡的记录有时候记录在本纪，有时候记录在列传，也可能两边都有记录。

《义熙起居注》中的"义熙"是晋安帝（397～419年在位）的年号（405～419）。这本书是义熙年间的起居注，应该是编撰《晋书》时使用的史料。

《义熙起居注》中有这样一条记录：

> 倭国献貂皮人参等，诏赐细笙麝香。

倭五王：日本的王位继承与五世纪的东亚

《义熙起居注》本身已经散佚，成书于10世纪的《太平御览》引用了书中的一些逸文。上述的句子就是逸文的一部分。

按照这一描述，倭国向东晋进贡了貂皮和人参。貂的栖息地遍布北海道、朝鲜半岛北部、西伯利亚和今俄罗斯其他地方。在貂之中黑貂的皮毛价值最高，是十分珍贵的物品。这里的人参指的是药用价值很高的高丽参，其出产地包括朝鲜半岛和现俄罗斯的沿海各州。这两种产品都不太可能产自日本列岛，而更像是高句丽的产物。

与倭国进贡相关的三种说法

过去学界普遍认为倭五王的登场是从《宋书·倭国传》记载的421年赞[①]的遣使开始的。然而随着倭五王研究的推进，最近越来越多的学者认同《梁书》所说的赞在413年遣使。倭五王在5世纪积极地向中国派遣外交使节，他们最初在东亚外交舞台中登场是在什么时候呢？这虽然是一个很基础的问题，但当代史学界依然有较大分歧。

---

① 倭王赞在《宋书》中写作"讚"，在《梁书》中写作"赞"，本书一概作"赞"。——译者注

第 1 章　赞派遣使节

《义熙起居注》中记载的倭国朝贡看起来与高句丽有关系。我们应该如何理解这一事件呢？

至今为止的研究主要分成三种说法。

第一种说法是高句丽的使节带着倭国使节一同朝贡，我们可以称之为共同入贡说。《义熙起居注》中提到东晋把细笙（一种管乐器）赐给了倭国。细笙的别名是"和"，"和"与"倭"是谐音，东晋可能因此选择把它下赐给倭国（池田温）。

另外《日本书纪》中也能找到支持共同入贡说的内容。应神天皇时期有这么一个故事，说阿知使主和都加使主前往"吴"的时候在高句丽问路，在高句丽人的指引下抵达了"吴"。"吴"指的是江南地区，这个故事说的是倭国与江南的交通往来以高句丽作为中介，倭国使节跟高句丽使节一同前往当地。这一则记录很可能反映了413年倭国与高句丽共同遣使。

第二种说法是，所谓的倭国遣使是高句丽人安排的，倭国并没有真的派遣使者。这个倭国使者是高句丽在战争中捕获的战俘，高句丽把他假扮成使者的样子，让他带着高句丽的物产朝贡。这种说法可以叫作倭人俘虏说。这一说法是对上文讨论过的倭国使者献上貂皮和人参这两种物品的解释（坂元义种）。

第三种说法为东晋赏赐的细笙和麝香是佛教仪式中使

用的物品。当时佛教已经传入了高句丽，但尚未传入倭国。这一派认为东晋赏赐的这些物品是给高句丽的，所谓赐给倭国是记录错误。我们把这一观点叫作史料误引说（石井正敏）。这一派还认为，倭国使者根本没有在413年来到东晋，当时朝贡的只有高句丽的使者。

那么到底哪一种说法更有道理呢？

共同入贡说认为倭国与中国的外交活动始于413年，而倭人俘虏说与史料误引说都认为413年的派遣是高句丽所为，当时倭国并未与东晋建立关系。倭国是在怎样的国际局势之中参与东亚的对外交往的呢？上述两种结果的差异将导致我们对这一问题的看法完全不同。

《梁书·倭传》中的"赞"

在得出结论之前，我们先关注另一则跟413年倭国遣使相关的史料，那就是《梁书·倭传》。该书记载了邪马台国的台与派遣使节以后的经过：

> 其后复立男王，并受中国爵命。晋安帝时，有倭王赞。

《梁书》中"赞"登场于晋安帝的时代。晋安帝时倭

第 1 章 赞派遣使节

国使节来朝只有 413 年的这一次，也就是说《梁书》把 413 年的遣使看成倭五王外交活动之始。《梁书》的这段记载直接影响到倭五王的问题。

那么《梁书》的记载到底是否可信呢？

明确表明 413 年倭国朝贡是赞派遣使者的史料有《梁书·倭传》和综合记述南朝历史的《南史·倭国传》。然而《南史》的记录基本上就是《梁书》的复制，因此认为是赞遣使的实际上就只有《梁书》而已。这里我们就要考虑《梁书》的可信度问题。

《梁书》成书于 629 年，作者姚思廉是唐代官员，他继承父亲遗志完成了这部史书。该书的特征是没有采用当时流行的美文（一种注重形式的文体），而是用古文写成。也就是说，姚思廉在编撰《梁书》的时候并不是直接引用原始史料，而是进行了一定程度的改写。很多记述乍看起来是独立的记事，但实际上可能是姚思廉综合了好几处原始史料改写而成。

简单而言，我认为《梁书》中晋安帝时赞派遣使者的记述源于《宋书》中 421 年赞遣使的记录。413 年遣使的主体并不明确，姚思廉便把两次遣使的王当作同一个人，因此才出现了这种记录。

因此，我们不可以按照《梁书》的说法，断定 413 年派遣使者的就是倭五王的第一位——赞。

倭五王：日本的王位继承与五世纪的东亚

413年派遣伪使的目的与影响

言归正传。高句丽与东晋交往的目的是，在广开土王这位一代英主死后、长寿王刚刚即位的情况下，建立一种一改从前风格的对外关系，对内显示自身的权威。不过，当时高句丽对外政策的背景还有一个重要的因素，那就是在辽西的割据政权北燕的动向。

北燕本来是高句丽人的后代高云在 407 年建立的政权，但高云在 409 年因臣下叛乱而被杀，之后汉人冯跋镇压叛乱后掌权。北燕本来是高句丽人的政权，理应是一个比较容易拉拢的对象，但现在政权更迭，这有可能会让高句丽变得紧张起来。长寿王跟东晋建立关系或许就是面临与北燕陷入对立的一种对策。

那么，我们到底应该如何理解 413 年的倭国使者呢？

倭国既然跟长寿王之父广开土王进行了激烈的斗争，那它应该没有动机派使者与高句丽一同到东晋朝贡。因此共同入贡说很难让人信服。也就是说，关于 413 年倭国使者的身份，应该是认为他并非真正使者的倭人俘虏说或史料误引说更加合理。

这里我想再提一下序章中提到的高句丽进行的"重译外交"。高句丽与前秦交往的时候带上了新罗使者，通

第1章 赞派遣使节

过这种做法,一方面构筑起巧妙的对外关系,另一方面也树立了高句丽的威信。

高句丽在时隔七十年后于413年再次向东晋遣使,这应该是包含向东晋示好,以及通过带着过去与高句丽敌对的倭国使者一同进贡来展示它在东亚强大地位的意图。因此,高句丽准备了专门的贡品,伪造了倭国使者,并且获得了细笙和麝香这两种赏赐物。这么看来,赏赐的物品也有可能是高句丽向东晋要求的。

高句丽也确实达到了它的目的。这次朝贡的成果之一是,长寿王获得了东晋的官爵,被任命为使持节、都督营州诸军事、征东将军、高句丽王、乐浪公。对于东晋来说,华北的诸王朝或许在将来与自己敌对,而与高句丽建立关系将有利于东晋应对这种局面。长寿王正是预测到了这一意图而遣使的,这也反映出高句丽王手腕之高超,这正是在复杂的形势中练就的。

但是,413年派遣伪使还有更深层次的影响,那就是让东晋通过高句丽再次认识到倭国的存在。早在倭国自身还没有进行外交活动的时候,它就已经通过高句丽出现在东亚国际社会之中。这一点在史料上也有所反映。

中国历代王朝都认为倭与朝鲜半岛隔海相望。《后汉书·倭传》说"倭在韩东南大海中",《魏志·倭人传》和《晋书·倭人传》都说"在带方东南大海之中"。而《宋书·

倭五王： 日本的王位继承与五世纪的东亚

倭国传》关于倭国位置的记载是"在高骊东南大海中"，这表明刘宋对倭国位置的认识是以高句丽为基础的，这种地理观正是受到了413年高句丽为重译外交而设计的伪使的影响。

百济向东晋进贡

高句丽在东亚采取了新的行动，与此同时高句丽的敌国百济处于怎样的境况中？下文将关注百济的动态。

自372年近肖古王建立百济与东晋的外交关系后，又有好几次可以确认的百济遣使。379年，近肖古王之子近仇首王派遣的使节因为狂风没能够抵达，之后百济在384年（枕流王元年）、386年（辰斯王二年）、406年（腆支王二年）都派遣了使者。这些遣使有一个共同的特征。

那就是，百济每一代新王即位之际，都会迅速向东晋派遣使者。这是为了向东晋汇报本国的王位更替，并希望获得对方的承认和册封。东晋既然是百济的外交对象，告知对方本国君主的身份自然是很基本的事情。另外，双方既然存在册封关系，那作为获得册封一方的百济向东晋报告王位的继承也是一种义务。

同时，百济与倭国的关系也相当亲密。按照广开土王碑的记载，广开土王在396年入侵百济，百济大败。百济国王阿莘王的弟弟和大臣共十人被掳至高句丽。这对百济而言自然是极大的屈辱。

在这种情况下，阿莘王采取的策略是强化与倭国的同盟。他把王子腆支送到倭国当质子。对此，倭国也表现出愿意积极提供军事援助的姿态。对广开土王而言，百济与倭国的关系阻碍了他的南下。

图 1-1　《梁职贡图》中的百济国使者

倭五王：日本的王位继承与五世纪的东亚

质子——在古代东亚的价值

根据记载，在高句丽南下期间，不仅百济，连新罗也向倭国派遣了质子。说起质子，大家的印象往往是强国为了避免小国背叛而强迫小国交出的。上文提到的新罗向高句丽派遣的质子就很符合这一印象。然而，古代东亚的质子并不是只有这一种性质。

一个很好的例子是异人，他是中国战国时代秦国的一名王族。他是秦国太子安国君的儿子，却被派往赵国当质子。当时秦国不仅是战国七雄之一，而且已经经历了成功的政治改革，其国力正开始超越其他六国。异人被派往赵国的理由之一是其母身份低贱，但无论如何也不能说秦比赵弱。质子的派遣确实与国力强弱有关，但说到底其实是一种外交礼仪。异人在其父安国君即位后改名为子楚，之后在公元前250年继承王位，史称庄襄王，他就是秦始皇的父亲。

再举一个例子。这个例子稍晚一点，发生在7世纪。647年，新罗向倭国派遣了一名王族成员，名叫金春秋。《日本书纪》中把他称作"质"，但是他的活动却并不符合我们所说的质子。

金春秋在前往倭国之前，首先在642年去了高句丽，提议与对方夹击百济，高句丽的权臣泉盖苏文拒绝了他的提议。他的下一步就是作为"质"前往倭国进行外交活动。然而到了第二年，即648年，他却出现在唐，从唐太宗那里得到了攻打百济的许可。从他的活动来看，金春秋更像是一名外交官，而不是小国为了表示臣属于大国而派出的那种行动遭到约束的质子。

从这些例子来看，古代东亚的质子并不一定是在有强弱之分的两国之间，小国向大国交出的那种质子。反之，一个国家向另一个国家派遣质子往往是为了使之成为两国间沟通的通道。反过来说，担当质子的人处在一个重视两国关系的立场上。腆支正符合这种情况。

腆支王与倭国、高句丽的外交

405年，百济阿莘王去世。他在位的时期基本上与广开土王重合，他几乎一辈子都在苦于应对广开土王的入侵。远在倭国的长子腆支也得知了阿莘王去世的消息，在腆支回到国内前，其二弟训解代为理政。然而他们最小的弟弟碟礼却发动了政变，杀害了训解并自立为王。倭国派遣了一支一千人的部队，护卫腆支回到百济。腆支故意在回国前在海岛上停留，最终反对碟礼的人果然把碟礼杀死，腆支得以回到国内。

倭五王：日本的王位继承与五世纪的东亚

从腆支的角度来看，继承王位时倭国帮助过自己，而他长期在倭国活动，也建立起了深厚的人脉关系。实际上，广开土王碑文剥落的部分虽然难以断定，但应该记录了高句丽在407年与某个国家交战，而不少学者认为这个国家应该是百济。腆支王即位以后，与高句丽的对决必然是他所面临的最重要的政治议题。为了与让先王痛苦不已的广开土王对决，与倭国的合作将是不可缺少的。

百济与倭国的关系应该相当良好，409年倭国把夜明珠赠予百济，418年百济把白锦赠予倭国，这些记录就可以证明这一事实。夜明珠是一种可以储存光亮、在黑暗中发光的稀有石头，现代称之为萤石。萤石在中国的云南有少量出产，在日本则从未被发现。倭国自邪马台国时代就以出产珍珠而出名，卑弥呼死后，台与就向魏朝赠予白珠（即珍珠）5000颗。倭国送给百济的夜明珠大概是珍珠的误写。

百济送给倭国的白锦是把蚕茧煮熟后抽丝而得，这与养蚕技术有关。养蚕是古坟时代的技术革新之一，而绢的制作方法在弥生时代就已经传到了日本，因此绝不是腆支把该技术传入了日本。但无论如何，百济把这种高级制品送给倭国，大概也能说明当时倭国对养蚕、织绢这些技术的重视。

其实腆支王的外交活动并不仅限于与倭国建立友好关

系。416年，他从东晋获得使持节、都督百济诸军事、镇东将军、百济王的官爵。值得注意的是，他获得的官爵与372年以来百济外交的风格有所不同，尤其特殊的是官爵的除授并不是发生在新王刚刚即位的时候。百济王向来都是在继承王位之后很快获得册封，而腆支王在即位后不久的406年也有派遣使者，但那时候却没有获得册封，其原因不明。

东晋在416年终于派来了册封腆支王的使者。当时腆支王并没有向东晋派使者，这是东晋一方的主动行为。《梁书》记载余映（腆支王）在义熙年间上贡了生口（奴隶），但那应该指的是刚即位的406年。413年，高句丽向东晋朝贡，东晋应该由此确认了包含朝鲜半岛在内的对华北包围圈的有效性。5世纪初的东亚眼看就要进入由东晋主导的国际秩序了。

东晋的灭亡与刘宋的建立

然而，这时候的东晋王朝早已是风烛残年。403年，东晋曾因权臣桓玄的逼宫而一度亡国，但将军刘裕发动政变杀死桓玄，东晋得以复国。刘裕是个很有军事才能的将领，他在410年攻灭了山东半岛的南燕政权。从外人看来这好像是东晋疆域的扩张，高句丽之所以与东晋

倭五王：日本的王位继承与五世纪的东亚

交好也与这种形势有关。然而事实却是刘裕掌握了东晋的实权。

417年，刘裕灭后秦并夺回了长安。这时候，东晋贵族心中最为向往的还都洛阳的愿望变得可能，他们对刘裕抱有很高的期望，而刘裕也明确表明了自己对帝位的觊觎。他杀害了晋安帝，扶立东晋最后的皇帝恭帝，并在420年接受了恭帝的禅让。这就是东晋的灭亡和刘宋的建立。

刘裕在历史上被称为宋武帝，他在即位的第二个月进行了人事调度，这与百济等国也有关系。征东将军高句丽王高琏（即长寿王）升任征东大将军，镇东将军百济王余映（即腆支王）升任镇东大将军。

跟这些将军升迁一起进行的还有徐州（山东半岛）和雍州（长安一带）等刺史的任命，事实上反映了刘宋的势力范围。这个范围同样包含了高句丽与百济。

此前的研究几乎都采用了坂元义种的说法，即认为高句丽王与百济王的升迁主要是为了庆贺新王朝的建立以及催促他们前来朝贡。这种说法当然有其道理，但从整体人事部署来看，刘宋将其看成刘宋将军的同列。这意味着刘宋其实希望高句丽和百济可以在军事上发挥作用。

在东晋灭亡的420年，百济腆支王也去世了。他的去世仿佛有一种与东晋共存亡的感觉。

第 1 章　赞派遣使节

2. 421 年，赞开启与刘宋的外交

倭国的到来——刘宋的欢迎及其背景

倭国采取行动的时机似乎就是为了配合刘宋建国这件事一般。在这种背景之下，倭王赞总算登上了东亚国际关系的舞台。421 年，宋武帝对倭国发布了诏书，诏书中写道：

> 倭赞万里修贡，远诚宜甄，可赐除授。（《宋书·倭国传》）

从诏书的内容我们可以得知，当时倭国的使者确实抵达了刘宋，他们的王名叫赞，使者带来了贡品，刘宋皇帝因此把官爵赠予倭王。按照中华思想，外国使者远道而来，那是皇帝的德泽远布国外的明证。从刘宋的角度出发，新王朝刚刚成立，以前一直没有遣使朝贡的国家就来朝了，这正好证明了武帝取代东晋建立刘宋的正当性。

实际上，刘宋皇帝刘氏一族也有其弱点。武帝刘裕虽

倭五王： 日本的王位继承与五世纪的东亚

然从将军当上了皇帝，但他的父亲只是一名低级官吏，因此他并非出身于贵族阶层。西晋王朝灭亡于316年，当时很多西晋贵族逃亡到东晋，他们在东晋依然拥有强大的政治力量，因此说东晋是一个门阀社会。刘裕虽然凭借优秀的军事才能当上了皇帝，但门阀士族们非常看不上他出身于寒门和行伍。双方间存在不少芥蒂。

《宋书·蔡廓传》记载了一个有名的故事。宋文帝对他的宠臣说："如果你想要当士人（贵族），你就要到名门贵族家里，说是皇帝的命令，要你坐下。"（卿欲作士人，得就王球坐，乃当判耳。殷、刘并杂，无所知也。若往诣球，可称旨就席。）这位宠臣到了贵族家里，贵族举起扇子，说这不是你该坐的地方，拒绝让他坐下。（球举扇曰："若不得尔。"）他把此事报告给皇帝，皇帝说："那我也没办法了。"（弘还，依事启闻，帝曰："我便无如此何。"）这件事就此作罢。

武帝称帝之初也是不得不向贵族的特权意识妥协。他提升了高句丽王和百济王的官爵，一方面是希望两国在军事上能发挥作用，另一方面应该也希望他们快点遣使朝贡，借此稳固他的皇帝之位。就在这个关头，倭国的使者来到了刘宋。不难想象，宋武帝应该很能感受到此事对于他巩固帝位的重要性。

第 1 章 赞派遣使节

赞为何要在421年遣使

那么，赞向刘宋遣使的目的是什么呢？

倭国派遣使者的421年是宋武帝接受禅让既而立国的第二年，可以说倭五王的登场跟刘宋的建立是同时发生的。赞为何突然就参与以中国为中心的国际秩序之中了呢？

我们来分析一下当时东亚的局势。421年，高句丽王是长寿王。在百济，坚持亲倭国政策的腆支王在前一年亡故，其子久尔辛王（420～427年在位）刚刚即位。久尔辛王在位八年，其间没有发生过什么值得注意的事情。新罗在广开土王在位的时候从属于高句丽，417年，讷祇麻立干杀死了实圣尼师今后即位，但他依然难以摆脱高句丽强大的影响力，他的外交政策也十分重视高句丽。

赞遣使的时候倭国与朝鲜半岛各国的关系并没有太大改变。既然如此，赞参与东亚局势的主要原因就应该是刘宋的动向了。刘宋强化了与高句丽和百济的关系，这种对外政策刺激了倭国采取新的策略，这种假说应该是比较合理的。

朝鲜半岛的铁是倭国不可或缺的资源，因此倭国长期关注朝鲜半岛，尤其是高句丽和百济的动态。高句丽和百

倭五王： 日本的王位继承与五世纪的东亚

济从东晋获得官爵，并在刘宋建国之际地位得到了显著的提升，对此倭国难以袖手旁观。随着高句丽、百济与刘宋的关系越发加深，赞对于倭国没有趁刘宋建立这一国际局势变动的机会采取行动而感到焦急。

百济王与高句丽王的名字

赞与刘宋进行外交活动时有考虑到百济等国，这从他所用的名字中也可见一斑。倭国和百济与中国王朝的外交是通过文书进行的，而文书中就写着当时各国王的名字。我们可以从他们取名的方式解读当时的外交关系。

421年刘宋发给赞的诏敕中把他称作"倭赞"。过去的研究已经表明，这里的"倭"并不是国名而是姓氏，"赞"则是名字。赞为什么要以"倭"为姓，并为自己取"赞"这个一字名呢？

取一字名是因为受到了百济的影响。中国一方记录的百济王的名字，最初是册封近肖古王时用的"余句"。表1-1列举了其后历代百济王的册封名，不难看出，他们在中国都是以一字名被称呼的。从他们的名字来看，自372年百济建立与东晋的外交关系以来，他们一直都在使用一字名。

第1章 赞派遣使节

表1-1 百济王的名字

王	中国名	朝贡年	备注
近肖古王	余句	372	
近仇首王	须	379	没有抵达东晋
枕流王	不明	384	
辰斯王	余晖	386	
阿莘王	—	—	
腆支王	余映	406	

那么实际上百济王的真名是怎样的呢？《日本书纪》中把即位前的阿莘王记作"王子阿花"，即位后记作"阿花王"。腆支王也是类似，即位前记作"王子直支"，即位后记作"直支王"。从这两个例子来看，百济王似乎是即位后直接在本名之后加上"王"字，叫作"某某王"。

近肖古王的本名其实是肖古，之所以加上"近"字是因为在他七代以前就有过另一位肖古王，因此在他名字上加上"近"字以便区分。《古事记》中把他记作"照古王"，《日本书纪》中记作"肖古王"，由此可见在他的名字前加上"近"字应该是后人的做法。中国史料中所用的"句"这个名字大概是来自肖古的"古"。

近仇首王的"近"和近肖古王一样是后世添加的称呼。仇首又记作贵须，他的名字就是贵须。中国把他称作"须"自然也是顺理成章的。然而，我们暂时还不知道辰斯王的"晖"这个名字的来源。

倭五王：日本的王位继承与五世纪的东亚

这种一字名并不是中国方面对百济王的称呼，而是百济向中国自称的。最能够证明这一点的例子是近仇首王。《三国史记》中记录了"须"这个一字名，我们可以猜测这应该是打算在向东晋遣使的时候使用"余须"作为王名。然而这次向东晋遣使却以失败告终，东晋一方没有得知他的名字，中国史料中也没有关于"须"的记载。另外，腆支王在中国史料中叫作"映"，但这很有可能是"腆"的误写。本来腆支王应该是把名字中的"腆"字作为一字名，向东晋进行朝贡。由此看来，百济的传统是取名字中的一个字作为向中国朝贡时使用的名字，其中又以使用第二个字居多。

高句丽又是怎样的呢？表1-2整理了4世纪中叶到5世纪高句丽王的名字。高句丽在314年攻占了带方郡，当地是自后汉（东汉）末期以来，魏晋等历代王朝掌控朝鲜半岛的据点。因此历代王朝一直关注高句丽的动向，也留下了高句丽王名字的记录。

表1-2 高句丽王的名字

王	讳	别名	史料中的名字	朝贡年
故国原王	斯由	国罡上王	钊	343
小兽林王	丘夫	小解朱留王		
故国壤王	伊连	于只支		
广开土王	谈德		安	397前后
长寿王	巨连		高琏	413

攻占带方郡的美川王名叫乙弗利，这并不是一字名。然而他下一代的故国原王除了斯由这个本名以外还有钊这个一字名。故国原王败给了前燕，343年高句丽臣服于前燕并得到册封，故国原王应该就是在那时取了一字名。小兽林王和故国壤王的一字名都很不幸地没有留下记录。可以确认的是广开土王的一字名是安（本名是谈德），长寿王的一字名是琏（本名是巨连）。

对"中华"的憧憬

我们来看看姓氏有什么讲究。百济国王姓"余"，这是因为他们标榜自己出身于扶余族。扶余是曾经居住在高句丽北方的民族，高句丽本身也是来自扶余。广开土王碑中关于高句丽王族的出身有明确记载："惟昔始祖，邹牟王之创基也，出自北夫余。"

百济国起源于朝鲜半岛南部的一个马韩国家，原本叫伯济国，跟高句丽相比，百济是否出身扶余族是有疑问的。但我们可以把这件事放在与高句丽对抗的立场上看。高句丽早在公元前就已经建立，而百济则建立于4世纪中叶，是个后发国家。4世纪中叶正是高句丽南下的时代，百济正是在这种压力下建立的，对于百济而言，高句丽是一道必须跨越的阻碍。因此百济人有一种与高句丽对立的

倭五王： 日本的王位继承与五世纪的东亚

意识，继而把自己的出身说成跟高句丽是一样的。百济把扶余的一个字当作自己进行外交活动的姓氏，也体现了这种与高句丽对立的意识。

高句丽王的"高"姓直接取自国名。高句丽王在4世纪中叶开始在对外交往中使用一字名，这与加入中华册封体系有很大关系。为了与高句丽对抗，百济同样使用了姓氏与名字各一个字的做法。一字名是中华当时的通常用法，百济等国的做法都经过了深思熟虑。

这种想法在中原王朝有其先例。王莽灭亡前汉（西汉）建立新朝的时候就以二字名不符合中华特色为理由将其禁绝。他的复古政策一直影响到后世，到了4~5世纪的时候才逐渐消退，二字名的中原人又多了起来。虽说如此，二字名并非中华特色这一观念依然存在，对中华文明怀有憧憬的高句丽、百济、倭国都受到了这种观念的影响。它们的王在对外活动中使用一字名，以此标榜自己接受了中华文化，有较高的文化水准。另一方面，中原王朝也容易接受这些名字，在册封的时候直接使用这些一字名。

"倭赞"之名的意义

赞使用的一字名仿效了高句丽与百济的取名方法。高句丽用国名的一字，而百济使用了先祖扶余族的一

第1章 赞派遣使节

字作为姓氏。赞参考了他们的做法，使用"倭"作为自己的姓氏。王的名字也是参考了与中国交往时使用一字名的做法，把自己的本名变化为一个字的汉字，取了"赞"这个名字。

从汉字的挑选也能看出，"倭赞"这个名字是倭国一方取的。"赞"这个字有"褒奖""赞美"的意思，显然是个好字。古代中国把周边国家称作夷狄，有蔑视对方的传统，翻译对方的国名、人名的时候往往不使用好字。"邪马台国"的"邪"和"卑弥呼"的"卑"都是我们熟知的例子。反过来说，如果使用了"赞"这种好字的话，我们可以推测应该是倭国方面取的名字。

既然百济、倭国等国的王都使用了一字名，这或许会让人认为，中原王朝周边的其他国家也会采取类似的行动。然而事实却不是这样的。

我们来看看5世纪上半叶中原王朝的其他周边国家是使用怎样的名字与中原王朝进行外交的。比如说在435年，阇婆婆达国的国王向刘宋朝贡，在相关的记录中他的名字是"师黎婆达陁阿罗跋摩"。阇婆是一个位于马六角海峡东方的港口城市，阇婆婆达国是一个东南亚小国。他们把国王名字的发音直接翻译成汉字，因此他的名字非常长。

东亚也有类似的例子。479年，朝鲜半岛加耶地区的加罗国向刘宋之后的南齐遣使，当时的王名被记作"荷

倭五王： 日本的王位继承与五世纪的东亚

知"。成书于 13 世纪后期的朝鲜史书《三国遗事》中记载大伽耶有过一个"嘉悉王",我们现在认为他就是荷知。"荷知"就是"嘉悉",可见王的名字并不是一个字。

通过比较这些例子,我们发现在 4 世纪下半叶到 5 世纪期间,故意把王的名字改成一字名的只有百济和倭国等,这是它们特殊的取名方法。它们对中华有更强烈的意识,在同一套规则下相互竞争,这就是 5 世纪发生的事情。倭国是最晚加入这种国际竞争的,因此尤其重视这件事。

赞得到了什么

通过 421 年的遣使,赞作为倭国王的地位获得了刘宋的认可,并且得到了册封与官爵。然而,史料没有记载他具体得到的官爵。《宋书·倭国传》只记载了"可赐除授",不过我们可以推测一下他获得的官爵。首先刘宋肯定认可他为正统的倭国的王,也就是说赞获得了"倭国王"的爵位。

另外,高句丽王和百济王在 420 年获得晋升的是将军号。赞既然是因为他们的晋升才派遣了使者,那他应该也强烈要求获得将军号。我们从他 425 年第二次遣使时的使者司马曹达这个人身上也能看出这一点。

第 1 章　赞派遣使节

本书后文还将详细讨论司马曹达这个人，简单而言他名叫曹达，司马是他的官职。司马这个职位是将军幕僚的一员，既然存在司马这种官，那么赞就必然获得了将军号。从赞以后的倭国王获得的将军号来看，赞获得的应当是安东将军。安东将军是守护中国东方的将军之一。

参考百济和高句丽的例子，赞应该还获得了使持节、都督某诸军事的头衔。这是跟将军号匹配的、表示权限的头衔，并不是独立的官职（山口正晃）。

上文提到，百济腆支王从东晋得到的官爵是使持节、都督百济诸军事、镇东将军、百济王，字面意思是作为镇东将军保管节杖，监督百济地区的军队。赞应该知道高句丽和百济是从东晋获得官职的，他有与这两个国家竞争的意识，不难推测，他应该也要求获得同样的官爵。

不过，我们找不到赞本人要求的证据。赞的继承者珍等人要求获得使持节、都督倭百济新罗任那秦韩慕韩六国诸军事的头衔。关于这个官职，我们将在第 2 章详细叙述。

倭王与倭国王——与卑弥呼的区别

刘宋把赞册封为倭国王，这距离卑弥呼在 239 年获得

倭五王： 日本的王位继承与五世纪的东亚

的"亲魏倭王"已经过去 182 年。卑弥呼的时候是"倭王"，而到了赞的时候则变成了"倭国王"。虽然只是一字之差，但两者之间其实存在巨大的差异。

现在我们已经辨明，"王"的封号一般赐予地理上离中国比较近、关系比较密切的周边国家，在 5 世纪南北朝对立的时候往往赐予中国希望其发挥军事支援作用的那些国家（荆木美行、金子修一）。与此相对，"国王"则往往授予那些位置较远、交通受阻隔的国家。从这个角度出发，我们可以理解卑弥呼和赞的区别。

卑弥呼跟曹魏进行外交的时候，双方接洽的窗口是带方郡。那是位于朝鲜半岛中西部、靠近今天首尔近郊的地方，是魏实施东亚政策的对外接洽地。《魏志·倭人传》记载倭国"在带方东南大海之中"，由此可以推测邪马台国与魏进行外交的窗口就是带方郡。

《宋书·倭国传》则说倭国"在高骊东南大海中"。高句丽于 314 年前后攻占带方郡，占据了其土地。自此以后中原王朝在朝鲜半岛失去了立足点，倭国也从中原王朝的视野中消失了。

魏能够通过带方郡跟整个朝鲜半岛进行持续的来往，就算要去倭国，交通也是比较方便的。与此相比，刘宋已经失去了在半岛的官署，高句丽、百济等国尚且能够跟刘宋进行一定频率的交往，但新罗、加耶这些稍远一点的国家就已经不在其交涉范围之内了。因此《宋书》中并没有新罗和加耶的列传。倭国更是在大海的对面,虽然地理位置没有变,但曹魏与刘宋对日本列岛的认知可谓云泥之别。

从军事支援的角度上看也是一样的。曹魏把倭国看成位于南方的国家。《魏志·倭人传》说"计其道里,当在会稽、东冶之东",又说"所有无与儋耳、朱崖同"。会稽在今天绍兴一带,儋耳、朱崖则在海南岛。当时正是魏、吴、蜀三国鼎立的时候,三国在彼此的对抗中往往会利用周边诸民族。对魏国而言,倭正好处于牵制吴国的有利位置。

众所周知,如果按照《魏志·倭人传》的记载把邪马台国放在正确的地图上,那它就会位于现在的东海上。与其说是《魏志·倭人传》的记录有误,不如说这反映了曹魏对倭国的地理认知。

另外,卑弥呼的爵位上带有"亲魏"这一特殊称号,享受这种待遇的除了倭国以外就只有西方的大月氏民族。曹魏把"亲魏倭王"这一待遇赐予倭国,证明其认可倭国的军事利用价值。

与此相比,南朝的刘宋自从建国以来就将华北诸王朝视为对抗的对象,他们认为倭国在地理上是比朝鲜半岛还要远的偏僻地方,再加上中国与倭国已经有150年

倭五王： 日本的王位继承与五世纪的东亚

没有来往，他们必然认为倭国在刘宋与华北诸王朝的对决中没有多少可利用的军事价值。正因如此，刘宋给赞册封的不是"倭王"，而是希望对方能进行实质上的朝贡的"倭国王"。

3. 册封倭国王的意义
——将军府的开设与府官制的引入

拥有将军号的意义

刘宋册封赞为倭国王，意味着承认倭国作为外藩之国的地位。藩本身的意思是区分内外的墙壁，外藩则是在中国周边负责保护中国的国家。

历代倭五王都有自己是刘宋外藩的意识。这一点我们可以从五王的最后一位——武的上表文中看到，他在文中提到"作藩于外"，意思就是认同刘宋是国际秩序的中心，倭国则在其外围。虽说是客套话，但倭五王既然受到刘宋的册封，他们就通过朝贡与刘宋皇帝建立了君臣关系，在倭五王看来，倭国是刘宋的外臣。

从赞到武，倭五王一直保持着作为刘宋外臣的意识，但这并不是说他们缺乏独立意识。倭五王到底是如何利用刘宋的外臣这一身份，在东亚局势中制造有利于自身的局面呢？这是我们接下来要探讨的课题。

刘宋册封给倭五王的称号并不只有倭国王，另一个能够确认的称号是先前提到的安东将军号。将军号自然是指拥有统率军队的权限，是一个军事性的官职。但是在当时的中国，将军号并不仅仅是一种军事官职。

表1-3 刘宋将军号的排序（五品及以上）

一品	大将军
二品	骠骑、车骑、卫、诸大将军
三品	征东、征南、征西、征北 镇东、镇南、镇西、镇北 中军、镇军、抚军 安东、安南、安西、安北 平东、平南、平西、平北 左、右、前、后 征虏、冠军、辅国、龙骧
四品	左卫、右卫、骁骑、游击 左军、右军、前军、后军 宁朔 建威、振威、奋威、扬威、广部 建武、振武、奋武、扬武、广武
五品	积射、强弩 鹰扬、折冲、轻车、扬烈、宁远、材官、伏波、凌江

倭五王： 日本的王位继承与五世纪的东亚

3世纪西晋动乱以后，地方官也兼任将军，这在当时处于军事高度紧张状态的中国是必须采取的做法。在西晋以后这种倾向也一直持续，到了东晋和刘宋，将军的职权进一步扩大。刘宋的将军已不仅仅是一种军事官职，还起着标示身份的作用。

这种标示身份的作用并不仅仅适用于刘宋内部，还能应用于东亚其他各国。各国的王得到的将军号有所不同，高句丽是征东，百济是镇东，倭国是安东。这三者在官职级别上比较接近，但征东略高于镇东，镇东又略高于安东。另外，高句丽和百济还获得了大将军号这一优待。这表明在刘宋的国际秩序中，高句丽的地位最高，百济次之，倭国则更低一点。这是三国对刘宋的政治利用价值的真实反映。石井正敏认为，将军号的高低是以来朝的顺序决定的，但反过来说，越是重视与刘宋关系的国家也会越早遣使朝贡，因此与上述观点并无太大出入。

倭国开府——将军府的设置与府官制

赞担任安东将军意味着一种重要的权限得到了刘宋的承认，那就是可以在刘宋的朝廷以外设立为刘宋服务的官署。

第1章 赞派遣使节

这种官署一般被称为将军府或者军府。还有一个广为日本读者熟知的名字，那就是幕府。总而言之，赞现在可以用安东将军这一身份开设幕府了。我们一般认为镰仓幕府是日本最早的幕府，那是天皇任命的征夷大将军的幕府，而刘宋皇帝任命的安东将军所建立的幕府，在构造上是相似的。

顺便一说，正如《吾妻镜》中说"将军家御居所者，称幕府"，幕府一词在日本是将军住所的意思，也可以指整个武家政权。为了避免混淆，本书将使用将军府这个说法。

将军是管理将军府一切事务的长官，同时还需要辅助他的人。因此赞在开设将军府的同时也获得了任命幕僚的权限。当时朝廷对将军府官员的设置有详细规定，具体而言就是司马、从事中郎、参军等职位。这些从属于将军府的官员叫作府官。

赞在425年再次向刘宋派遣使节，当时担任使者的人就是上文提到的司马曹达。这是一个担任司马这一官职的人，名叫曹达，可以确认他是在倭国将军府就职的府官。

像赞这样担任刘宋的将军（大将军）并开设将军府，能够把幕僚任命为府官的制度就是府官制。在当时并不是只有倭国开设将军府和任命府官，高句丽和百济也这么

倭五王：日本的王位继承与五世纪的东亚

做。跟倭国的司马曹达的情况一样，我们从两国的对外活动中能够确认其府官制的存在。表1-4整理了具体的细节。

表1-4 各国设置的府官

朝代	时间	公元纪年	高句丽	百济	倭
晋	义熙九年	413	长史高翼		
刘宋	景平二年	424	长史马娄	长史张威	
	元嘉二年	425			司马曹达
	孝建二年	455	长史董腾		
北魏	延兴二年	472		长史余礼、司马张茂	
南齐	永明八年	490		长史高达、司马杨茂、参军会迈	
	建武二年	495		长史慕遗、司马王茂、参军张塞	

高句丽在413年向东晋遣使时派遣了长史高翼这一人物，到了刘宋时期则出现了424年的长史马娄、455年的长史董腾这两个名字。百济在424年向刘宋遣使时有长史张威，472年向北魏遣使时有长史余礼，两次向南齐遣使都有派遣长史，长史也是府官中的一种官职。倭国、高句丽、百济三国在进行外交活动时都派遣了府官。将军府是在刘宋皇帝的权威下设置的，三国向刘宋的朝贡也有汇报

将军府工作的一面。

然而，倭国与高句丽、百济这两国之间也存在不同。倭国派遣到刘宋的府官是司马，而高句丽和百济两国派遣的则是长史。坂元义种认为，长史是文官之首，而司马则是武官之首，倭国派遣司马是为了强调自身的军事性质。然而要是说高句丽、百济与倭国有这种性质上的差别的话，似乎是不太合理的。更有说服力的解释是这种区别体现了各国王地位上的差别。

在将军府的府官之中地位最高的就是司马，而在比将军府地位更高的大将军府中，最高地位的府官是长史，其下有司马、从事中郎这些职位。将军与大将军之间存在明显的地位差别。可见倭国、高句丽、百济之间地位有别，而各国都派遣了其将军府中最重要的幕僚。

从高句丽到百济、倭国——东亚府官制的推广

与此相关的一种观点是，东亚地区的府官制是为了向南北朝等政权派遣使节而建立的体制。如果府官制有国内政治任务的话，那么将军府长官被派遣进行外交活动的这一段时间国内政治就会陷入停滞，因此府官应该是专门负责对外活动的职务。确实，我们在史料中看到的府官基本

倭五王： 日本的王位继承与五世纪的东亚

上都是外交使者，然而这很可能是南北朝等政权把各国府官当作外交使者而造成的结果，并不能由此断定各国的府官仅执行外交任务。

为了解开这个谜题，我们需要回顾东亚府官制的成立。

东亚最早引入府官制的是高句丽的广开土王。广开土王本人并没有与南朝，而是与北方五胡诸王朝进行交往。在此期间，后燕慕容宝任命广开土王为平州牧（即平州的行政长官），承认后者是辽东、带方地区的国王。慕容宝自即位以来跟北魏多次交战却连遭败绩，他大概也希望能通过认可高句丽的地位来缓解自身的困境。

广开土王通过慕容宝任命的平州牧这个职位，设置了长史、司马、参军这些官职。通过慕容宝在位的年代，我们可以推测广开土王接受任命的时间是在396年到398年。广开土王设置了府官，却没有留下派遣府官出使东晋或其他政权的记录。我们看到的关于高句丽府官进行对外活动的最初记录是在413年，也就是广开土王之子长寿王即位时向东晋派遣的使者。

高句丽的府官制始于广开土王，他以州官的身份设置州府，并任命州府的府官。在那以后，长寿王于413年任命州府的府官为使节，派其前往东晋。他这么做或许有着向东晋展示自身拥有完善的东晋官职系统的意图。

东晋皇帝任命长寿王为征东将军、高句丽王。之后高句丽设立了征东将军府,重新确立了府官制。从这件事的来龙去脉来看,高句丽当初设置的府官并不以外交为目的。应该说府官并非只有外交这一职能。

在与高句丽引入府官制相近的时候,百济也采用了府官制。百济与东晋进行外交活动,从东晋获得了镇东将军、百济王的任命,因而开设镇东将军府,推进了以王为顶点的统治机构的整备。

赞也是在得知百济的动向后以获得官爵为目的采取了行动。他于421年派遣使者,从东晋获得了安东将军、倭国王的册封,算是达成了目的。之后他开设了安东将军府,任命曹达为司马,并委任后者作为府官执行外交任务。

从事情的发展情况来看,倭国、高句丽、百济的竞争以高句丽为起点,百济由于对高句丽的敌对意识而加入,倭国则是模仿百济的做法。就这样,这三个国家在竞争之中开启了政治机构的整备。

司马曹达是什么人

在这里有一个问题需要解答:被任命为府官的是哪些阶层的人?

倭五王：日本的王位继承与五世纪的东亚

如果是在后世的幕府的话，在幕府中担任要职的人通常是实力仅次于将军的厉害人物。安东将军府的情况是不是也是一样的呢？要回答这个问题，我们手上的线索只有一条，那就是担任倭国府官的唯一的例子——曹达。他到底是怎样的人物呢？

我们除了曹达的名字以外并不知道他的其他信息，然而名字也是相当重要的线索。姓曹名达，这是典型的中国式姓名。当时日本列岛的人名，如稻荷山铁剑上的"乎获居"和江田船山大刀上的"无利弓"等，都是没有姓氏只有名字的，而且用两到三个汉字表达。曹达的姓名明显不符合这种形式，他有可能是从外国来到日本的渡来人。

那么，我们能不能认为曹达来自朝鲜半岛呢？倭国与中国直接进行外交活动始于421年，而曹达作为使者出使刘宋则发生在425年。由此看来，他可能不是从朝鲜半岛前往倭国的。

4~5世纪来到日本列岛的渡来人，即使是从朝鲜半岛来的，也可能有多种多样的背景。像曹达这样当上了府官的人，从名字来看应该是中国人。当时百济等国的人名有牟头娄、赞首流等，也没有姓氏，跟中国人的人名是不一样的。

第1章 赞派遣使节

中国知识分子的价值

当时的朝鲜半岛存在大量西晋人（西本昌弘）。这是因为高句丽在314年前后攻占了西汉设置的乐浪郡和带方郡，当时跟这两郡相关的官吏和知识分子不可能全部平安回到晋。其中的大部分人很可能被高句丽吸收，高句丽利用他们来整备自己的统治机构。高句丽之所以能够最早引入府官制，部分是出于这一原因。

另外，逃离高句丽统治的人如果从带方郡直接向南避难就会进入百济的国境。百济当时正处于国家形成的过程中，也会利用这些中国人。这从百济的府官制也能看出端倪。

我们可以再一次查看表1-4中府官的名字。百济的余礼跟百济王一样是余姓，应该是百济的王族，但除此以外的大多数都是中国式的人名。尤其是百济在424年派遣的长史张威、472年的司马张茂、495年的参军张塞，这三个人都姓张，有可能是同一族人。495年的司马王茂则有可能是3世纪在乐浪郡一带拥有相当势力的王氏的子孙。

在那之后的就是倭国。4世纪至5世纪初，陶器须惠器的生产技术传入日本，由此我们认为这是大量渡来人来到日本列岛的时代。既然如此，中国人跟随传入技术的朝

倭五王： 日本的王位继承与五世纪的东亚

鲜渡来人进入倭国也是相当合理的。他们被朝鲜半岛各政权吸纳，世世代代生活在此。对百济等国的统治者而言，中国知识分子有着极大的魅力。对这些中国人而言，知识是他们赖以生存的手段，因此知识在他们之间世代相传。曹达正是一个拥有这些知识的人，他在5世纪初来到了倭国。

倭国同样重视中国的知识。百济等国任用了中国的知识分子，而倭国本来对自身落后于东亚其他国家就应该有着危机意识，因此在曹达以前可能已经有类似的人物受到倭国的任用。跟那种持有技术的朝鲜渡来人集团形成的聚落相比，中国知识分子的规模相对较小，他们很可能未能在日本列岛建立据点。

他们担任倭国王直属的近臣，获得了与统治者的政治联结，从而确保了自身的地位。对倭国王而言，跟这些中国知识分子建立直接关系能让他在与列岛其他豪族的对抗中更有优势，因此他很欢迎这些人。倭国王与这些中国人在列岛上形成了互相依存的关系。赞和曹达就是在这种关系下在5世纪引入了府官制度。

安东将军府的意义

倭国通过与百济建立军事同盟而加入了东亚局势。刘

第1章 赞派遣使节

宋王朝建立后，倭国看到刘宋与高句丽、百济的交往活动，由此展开了中断150年的外交。

赞开启了与刘宋的外交活动，由此加入东亚国际关系之中，并获得了倭国王、安东将军的中国官爵。与此同时，倭国接触到中国官僚制度的冰山一角，体验到这种中国统治技术的精粹，以后引入这种先进的统治制度由此变得可能。

当然，倭国得到的不过是一些零碎的制度，与中国的制度完全无法相比。即便如此，将军府这一统治机构的建立也是倭国权力机构整备的第一步，在日本史上具有相当大的意义。

第 2 章

从珍到济，再到兴

——遣使的意图与王的权力

赞从刘宋获得了安东将军、倭国王的册封，这意味着倭国在东亚国际舞台之中上升到与高句丽、百济同等的地位。同时，这也增加了相互之间的竞争，使得东亚的国际关系变得越发紧张起来。

1. 赞之弟珍的遣使及其对官爵的要求——与同盟国百济的竞争意识

438年，珍登场——请求得到安东大将军

438 年四月，赞之弟珍遣使访问刘宋，报告了赞死去

第 2 章 从珍到济，再到兴

的消息。

珍希望刘宋能降旨任命自己为使持节、都督倭百济新罗任那秦韩慕韩六国诸军事（下文简称为"使持节、都督……六国诸军事"）、安东大将军、倭国王。从刘宋获得册封意味着刘宋成为珍的靠山。珍刚刚即位，权力尚未稳固，他希望通过让刘宋认可自己是赞下一任的王来巩固自身的地位。

在所有倭五王相关的史料之中，珍在 438 年提出的要求中第一次出现了"使持节、都督……六国诸军事"这一头衔。不过，史料中初见跟历史上第一次要求或受封是两回事。有可能在此之前就已经有过任命，只不过没有记录下来而已。那么，珍之前的赞有没有获得"使持节、都督……六国诸军事"的官职呢？如果有的话，那珍只不过是按照赞的标准提出要求而已；如果没有的话，珍为何要提出这样的要求呢？

《宋书·倭国传》中记载珍在 438 年的遣使中用到了"自称"这个词。"自称"说明刘宋方面没有任命，但倭王宣称自己拥有某些官爵。如果赞本来已经有这些官爵的话，那这里就不应该出现"自称"一词。最终珍的请求被拒绝了。

我们可以把珍要求的官爵与赞的官爵进行对比。赞拥有的官爵是安东将军、倭国王。珍则希望得到比这个更高

倭五王：日本的王位继承与五世纪的东亚

的职位。倭国王还是一样的，但他还希望得到"使持节、都督……六国诸军事"、安东大将军等赞没有获得过的头衔。既然珍要求获得比赞更高的官爵，那这背后就应该有相应的背景。

首先来看看安东大将军。珍应该对先王赞只获得安东将军感到相当不满。高句丽王是征东大将军，百济王是镇东大将军，与此相比倭国王获得的仅仅是安东将军，比大将军低了一级。倭国向刘宋朝贡的时间比两国晚，珍对此必定感到相当焦急，因此才把尽早获得能与两国匹敌的官爵当作自己的政治任务。对安东"大"将军的要求正是这一想法的具体表现。

为何想要得到"使持节、都督……六国诸军事"

关于"使持节、都督……六国诸军事"的问题，我们也可以从倭国与高句丽、百济的竞争关系这一视角加以理解。首先我们再次梳理高句丽和百济从刘宋那里得到的官爵。

438年珍首次在史料中出现，当时高句丽与百济的官爵如表2-1所示。这两国都有"使持节、都督……诸军事"这一头衔，而赞（请求前）则没有获得相对应的官爵。4世纪下半叶以来，各国争夺东亚外交的主导权，对倭国来说，获得跟两国相同的地位是重要的外交任务。倭国与刘宋进行外交比两国要晚，因此希望通过获得新的官爵来挽回这一方面的劣势。

表2-1　438年前后各国的带官情况

高句丽		使持节	散骑常侍	都督营平二州诸军事	征东大将军	高句丽王	乐浪公
百济		使持节		都督百济诸军事	镇东大将军	百济王	
倭国	请求前				安东将军	倭国王	
	请求	使持节		都督倭百济新罗任那秦韩慕韩六国诸军事	安东大将军	倭国王	
	任命				安东将军	倭国王	

当时倭国与百济成立了以阻止高句丽南下为目的的军事同盟。这一同盟并不仅限于倭国与百济两国，还包含了周边的其他小国。百济当时对慕韩（马韩）拥有很大影

响力，而倭国则与以金官加耶（任那）为首的加耶诸国有着很深的联系。这些小国也被视作同盟的成员。倭国希望能成为这一军事同盟的盟主。

再者，倭国还觊觎新罗及其周边的秦韩（辰韩）。新罗和秦韩都是高句丽的附庸国，但刘宋并没有把这两国的军事指挥权交给高句丽。这与其说是刘宋不承认高句丽的地位，不如说是高句丽自身不觉得有必要请求相关的官职，因此刘宋也就没有授予。

珍便决定利用这一破绽。他希望刘宋能够认可倭国对事实上从属于高句丽的新罗与秦韩的军事指挥权，从而在名义上营造倭国对这些国家有影响力的形象。正是在这种背景下，倭国向刘宋提出了对"使持节、都督……六国诸军事"这一官职的请求。这六国就是"倭""百济""新罗""任那""秦韩""慕韩"。

与百济的对抗意识，珍的请求"落空"

珍时刻注视着高句丽与百济的动态，他向刘宋请求官爵的时候心中想的也是两国国王获得的官爵，在这其中他尤其关注的是百济。

当时，高句丽长寿王的官爵是使持节、散骑常侍、都督营平二州诸军事、征东大将军、高句丽王、乐浪公。之

第 2 章 从珍到济，再到兴

所以有乐浪公是因为高句丽统治着乐浪郡，刘宋对此表示认可。刘宋认为在名义上乐浪依然是自己的领土，而给事实上统治当地的高句丽王授予乐浪公的爵位，以此来调整名义与事实间的矛盾。

百济王并没有获得公爵的册封，珍也没有请求得到类似的爵位。他执着于获得安东"大"将军号以及"使持节、都督……六国诸军事"，而对乐浪公一类的公爵位并不感兴趣。这表明他真正关注的是百济王，自己必须获得与百济王同一级别的官爵。

珍按照百济王获得官爵的标准，"推算"出自己应该得到的官爵。反过来说，既然倭国与百济是同盟国，那倭国的官爵就不应该低于百济。解决这一问题成了倭国的一大外交任务。

珍带着与百济的强烈的竞争意识向刘宋提出了请求。问题是他所提出的请求不可能被全盘接受。

刘宋按照之前给赞授官的先例，把珍册封为与赞一样的安东将军、倭国王。珍提出的要求里得到认可的只有倭国王而已。珍对刘宋展开了积极的外交活动，但其结果却是请求完全落空了。

然而，他为自己请求官爵册封并不是外交活动的全部。如果只是为自身考虑的话，那是无法获得周围其他人的支持的。当时日本列岛的政治局势仅仅是倭王权处于权

倭五王：日本的王位继承与五世纪的东亚

力的顶端，各地的豪族则与其存在松散的政治联系。对倭王而言，让各豪族认可自己王位的正当性很有必要。从这点来看，5世纪上半叶的倭王权可谓基础相当脆弱。为了解决这一问题，珍效仿了百济使用过的另一种中国官爵的用法。

中国官爵的"用处"——对百济而言

说到底，中国的官爵对东亚其他诸国而言到底有什么意义呢？

百济通过向国内的王族、贵族授予中国官爵，强化了自身的立场。我们可以从458年的事例得知其任命的细节。

百济王余庆（盖卤王）向余纪等十一名王族、贵族授予了将军号。然而任命官员的权力本应在刘宋皇帝手中，百济王并没有这种权限，因此这时候的将军号是非正式的任命。这种做法被称为"假授"，为了与正式的将军加以区别而在将军号之前加上"行"字。百济向刘宋汇报了这些任命，并得到了追认。比如说余纪，他从百济王那里获得了"行冠军将军"的假授，之后刘宋皇帝加以确认，他才正式成了冠军将军。

第2章 从珍到济,再到兴

表 2-2 假授与除正(458年,百济)

名	假授官职			除正官职
余纪	行冠军将军	右贤王	→	冠军将军
余昆	行征虏将军	左贤王		征虏将军
余晕	行征虏将军			征虏将军
余都	行辅国将军			辅国将军
余义	行辅国将军			辅国将军
沐衿	行龙骧将军			龙骧将军
余爵	行龙骧将军			龙骧将军
余流	行宁朔将军			宁朔将军
糜贵	行宁朔将军			宁朔将军
于西	行建武将军			建武将军
余娄	行建武将军			建武将军

百济的王族、贵族可以通过百济王获得中国的官爵。当他们认可中国官爵的价值,并且想要获得这些官爵的时候,就不得不先获得百济王的假授,然后向刘宋申请并得到认可。通过这种方法,百济王强化了王族、贵族对自身的从属。对百济王而言,假授权很可能是提高王权权威所必要的权力。

另外,百济东城王在495年向南齐遣使,并请求南齐认可他对八个人假授的将军号,这八个人是沙法名、赞首流、解礼昆、木干那、慕遗、王茂、张塞、陈明。这八个人可以分成两个阶层。

倭五王： 日本的王位继承与五世纪的东亚

从沙法名到木干那的四个人都是三字名，不是中国式的名字。《隋书》是7世纪上半叶按照唐太宗的敕命编撰的史书，《隋书·百济传》记载"国中大姓有八族，沙氏、燕氏、刕氏、解氏、贞氏、国氏、木氏、苩氏"。这四个三字名的人物中三个属于八族之中。与此相对的是慕遗等四人，他们都使用中国式的名字，而且都作为府官（将军府的幕僚）出使南齐。也就是说，将军号是被授予贵族和府官的。

值得注意的是，贵族阶层之中也有人获得了迈罗王、辟中王、弗中侯、面中侯等王侯爵位的假授。王、侯等级的爵位与百济王本身相去不远，这表明贵族并不完全从属于百济王权。与此相对，百济对府官的假授则是乐浪太守、城阳太守、朝鲜太守这些地方官。地方官是服务于百济王的官僚，两者的君臣关系是相当明确的。

如上所述，百济王把王、侯的爵位授予贵族，把地方官的职位授予府官。与无差别授予众人的将军号不同，王侯与地方官的区别成了划分身份的标志。由此我们可以知道，从那以后的百济政权主要由获得王侯爵位的贵族层与担任府官的流亡汉人层组成。由于身份的不同，他们的政治地位也有所区别，百济王则通过将军号在他们之中建立了一种统一的身份等级。

这件事情的结局却是南齐没有承认百济王的假授，不对这些王侯的爵位以及太守的官职予以除正。即便如此，从百济王假授的情况我们也能知道，在百济的统治集团中，存在以百济王为核心但保持相对独立性的王侯，以及臣僚性质更强一点的府官这两个阶层。

珍与平西将军倭隋

与百济一样，珍也提出了把将军号授予麾下豪族的申请。

刘宋在任命珍为安东将军、倭国王的同时，也认可了珍任命倭国王族、豪族为将军的请求。当时获得认可的人员有倭隋等十三人，他们获得了平西、征虏、冠军、辅国等将军号。

在这其中，由于倭隋使用了倭这个姓氏，他应该是倭国的王族。另外，这些获得认可的将军号都是三品，在品级上跟安东将军相同。然而平西与征虏、冠军、辅国之间还是存在高低之分。武田幸男指出，在十三人之中只有倭隋被任命为平西将军，其地位与其他人是不一样的。

针对这一点我们可以进行更深入的探讨。珍的安东将军也是三品将军，倭隋的平西将军与其之间的差距并不大。这两人之间存在怎样的关系呢？古坟群正是解开这一谜题的关键。

倭五王：日本的王位继承与五世纪的东亚

我们在序章提到，在畿内地区存在五个拥有大王墓级别的巨大前方后圆坟的古坟群，而建造于5世纪的古坟群则有古市古坟群和百舌鸟古坟群两个。这说明当时同时存在两股有能力建造大王墓的势力。

也就是说，当时有两个能够产生大王的王族集团。在当时的倭国，能够产生大王的家族以倭为姓，其内部则可能存在数个具备实力的集团。在5世纪上半叶，以赞和珍为领导者组成了赞系王族集团，同时还有与之匹敌的王族集团存在，其领袖就是倭隋。

对珍而言，他假授给其他人的将军号与自己的安东将军差距越大越好，因为这样才能强化倭国王的权威。因此，他并不真的希望把高级的将军号假授给其他王族与豪族。然而他无法用这种方法对待倭隋。倭隋在日本列岛的势力是如此强大，以至于珍不得不对倭隋有所顾虑。

进一步说，珍获得的安东将军的"东"指的是刘宋王朝眼中的东夷。高句丽的征"东"与百济的镇"东"也是同一个道理。然而，珍对倭隋的假授却是平"西"。这意味着在日本列岛内的两大王族集团里，珍作为安东将军是"东"集团的首领，而他认可倭隋为"西"集团的首领。

换言之，我们可以认为倭珍与倭隋分别统率着构成倭王权的两个倭姓集团，他们之前存在东、西的位置关系，通过互补的方式实行对日本列岛的统治。

当然,这是一种偷换概念的做法。本来"东"指代东夷的一部分,现在则变成了把日本列岛分成两半后的"东"边。当时的政治局势是,以安东将军珍和平西将军隋为两大巨头,另外还有一些有能力建造前方后圆坟的强大豪族,这些豪族可能是地方的势力,他们获得了征虏、冠军、辅国等将军号。他们与倭王权建立起松散的政治联系,以此构成了日本列岛的统治网络。

最终,珍通过假授权与拥有势力的王族和豪族建立了联系,实现了对倭国全境的统治。反过来说,这种做法也反映了倭国王无法以一己之力把权力延伸到日本列岛的每个角落。

2. 443年,济的登场
——王统移动了吗

北魏统一北方与刘宋的元嘉之治

珍即位并出现在国际外交舞台的时候,一件大事极大地影响了东亚的局势。中国北方长期以来存在着众多由少数民族建立的割据政权,这些少数民族被统称为"五

倭五王： 日本的王位继承与五世纪的东亚

胡"。439年，五胡诸政权的争霸终于尘埃落定，北魏统一了北方。

北魏的正式国号是魏，是鲜卑族建立的王朝。鲜卑族之中有一支名叫拓跋部的强大部族，他们在3世纪末崭露头角，族长拓跋猗卢于310年被西晋封为代公，315年封为代王，由此建立了代国。然而到了376年，当时由拓跋什翼犍统治的代国遭到前秦苻坚的入侵，最终灭亡。前秦政权在383年淝水之战后瓦解，流亡的拓跋什翼犍之孙拓跋珪于386年重建代国，并在当年改国号为魏。之后拓跋珪征服后燕，扩大了势力范围。398年北魏迁都到平城（今大同），拓跋珪自称皇帝。自此，北魏王朝正式建立。

然而当时的北方还存在其他政权，在此之中夏是能够与北魏匹敌的强国，其建立者赫连勃勃是南匈奴人。北魏并没有进攻赫连勃勃，但赫连勃勃在425年死去，形势随即大变。北魏趁机攻打夏，赫连勃勃的继承者赫连昌被俘虏，其弟赫连定向西逃跑，在途中被杀，夏于431年灭亡。

北魏的东方还有北燕（参考第1章）。夏还存在的时候，北魏为了避免两面作战而没有攻打北燕，而在夏灭亡后，北魏再也没有后顾之忧，随即展开对北燕的战争。当时统治北燕的是冯跋之弟冯弘，他抵挡不住北魏的进攻，只能逃亡高句丽。北燕于436年灭亡。

北魏的西面还有北凉。北凉并不是强国，但它依靠与

第 2 章　从珍到济，再到兴

夏、刘宋等国进行巧妙外交而生存下来。当北魏的势力向周边扩张时，北凉国主沮渠蒙逊已经臣服于北魏。之后沮渠蒙逊死去，在北魏统一北方的过程中，北凉在 439 年灭亡了。沮渠蒙逊同族的沮渠无讳等人逃到敦煌，他们在当地建立的政权一直存续到 460 年。

随着北凉灭亡，北方总算在前秦崩溃以后再一次统一了。当时在北魏的边境、今天甘肃南部一带还有一个名叫后仇池的政权，但它并没有能力对抗北魏，在 442 年也被北魏平定了。

我们再来看看江南一带的形势。东晋于 410 年攻灭南燕，成功占领了山东半岛，然后还灭了后秦。之后，刘裕于 420 年建立了刘宋。

北魏统一北方的时候，交通要冲山东半岛正处于刘宋的统治之下。且不论与北魏接壤的高句丽，百济与倭国都是因为交通要道的统治权改变而与南朝展开了外交活动。

当时的刘宋同样处于政治转型期。建立刘宋的是武帝刘裕，但他在 422 年死去，那正是赞朝贡的第二年。继承皇位的是其长子少帝，但是他品行不佳，最终在 424 年被废位，其弟刘义隆继位，是为文帝。

宋文帝在位长达 30 年，当时政权稳定，由于他的年号是元嘉，因此人们把这个时期称作"元嘉之治"。

438 年珍的遣使正是发生在这一时期，当时刘宋也发生了政治变动。436年，刘宋重臣檀道济由于与文帝不和而被杀。檀道济是刘宋的建国功臣，是个优秀的将领，因此他被杀时有人说宋文帝是在自毁长城。事实上，刘宋在450年遭到统一华北后的北魏进攻，一度被逼得相当狼狈。

高句丽与百济的对立

当时高句丽、百济、新罗等国的局势也出现了变化。

高句丽时刻关注着北魏势力的扩张。435年，也就是北魏统一华北四年前，长寿王首次向北魏派遣使节。北魏授予他都督辽海诸军事、征东将军、领护东夷中郎将、辽东郡开国公、高句丽王的官爵。

虽说如此，高句丽却似乎完全没有要臣服于北魏的意思。北魏要求高句丽交出北燕的逃亡者冯弘，但遭到高句丽拒绝。冯弘跟刘宋也颇有关系，大概高句丽正是看中了他这方面的价值。然而冯弘并不打算在高句丽终老，他于438年逃亡刘宋，打算东山再起，结果却被杀了。

冯弘事件导致北魏与高句丽的关系恶化。北魏太武帝打算征讨高句丽，但由于大臣的反对而没有成行。不过，北魏讨伐高句丽这件事绝不仅仅是纸上谈兵。

高句丽一方也很清楚北魏对自己的威胁。高句丽本来就与刘宋有联系，而在北魏强盛的时候又与北魏建立关

第 2 章 从珍到济，再到兴

系。高句丽在南朝与北朝之间来回周旋，以此寻找机会来扩大自身势力。

北魏于 439 年统一华北，同年高句丽给刘宋送了 800 匹马，这是一份大礼。马匹拥有很强的军事色彩，由此可以推测，长寿王由于害怕强大的北魏，希望刘宋能对北魏采取军事行动。只要能够稍微削弱过分强大的北魏的势力，对高句丽来说就是好事。

另一方面，高句丽也加强了对新罗的压迫。1979 年，韩国忠清北道出土了一块中原高句丽碑。据考证，这块碑的建造时间是 5 世纪上半叶。在碑文里，高句丽把新罗王称作"东夷寐锦"。当时的新罗君主尚未自称为"王"，寐锦是 5 世纪新罗最高领袖的称号之一。新罗第一个自称"王"的君主是 6 世纪上半叶的法兴王。高句丽把新罗称为东夷，也就是东方的野蛮人，这表明高句丽建立了一种以自身为中心的"中华思想"，把新罗视为夷狄。这是高句丽试图建立一种有别于中华的国际秩序的体现。

百济当时的君主是毗有王。在他即位后不久的 428 年，百济曾接待过倭国的外交使节，但在那以后就没有了关于百济与倭国外交的记载。熊谷公男由此推测，在那个时期百济与倭国的关系变得疏远了。

确实，下一次百济与倭国间进行外交活动已经是 461

倭五王： 日本的王位继承与五世纪的东亚

图 2-1 中原高句丽碑

年，其间有 30 年以上没有来往。在毗有王的祖父腆支王的时代，百济与倭国是军事同盟，彼此间有着积极友好的关系。与之相比，这种关系在毗有王时期变得相当消极。

毗有王的在位时期是 427~455 年，这与倭国和百济间外交断绝的时期几乎重合。由此看来，似乎是毗有王改变了对倭国友好的外交方针，而在他死后两国的外交才得以恢复。

另一方面，百济在 433 年向新罗派遣了和亲使节。自两国在373年决裂以来，已经经过了整整60年。次年，百济向新罗赠送了马匹和白鹰，新罗则回赠了黄金与宝石。在这个时期，百济试图与臣服于高句丽的新罗接触，而新罗也给予了正面的回应。一方面高句丽加强了对新罗的压迫，另一方面新罗开始尝试寻找脱离高句丽而自立的方法。

百济与倭国的关系走上绝路了吗

那么，我们是否能够认为，毗有王否定了此前与倭国的友好关系，转而致力于构筑与新罗的关系呢？

确实，两国之间没有进行正式的外交活动，然而这并不意味着双方的交流就此断绝。证明这一点的正是倭国与刘宋的外交活动。

在毗有王在位年间，倭国分别于430年、438年、443年、451年四次向刘宋派遣外交使节。从倭国前往刘宋，需要先到达朝鲜半岛西岸，然后北上横跨黄海，到达山东半岛后再南下。百济位于朝鲜半岛西部，如果没有百济的帮助，倭国的使者就无法到达刘宋。

在毗有王的统治时期，百济虽然没有与倭国进行外交活动，但肯定为倭国与刘宋的外交活动提供了帮助。虽说百济没有采取积极的外交行动以强化与倭国的关系，但双

倭五王： 日本的王位继承与五世纪的东亚

方的友好关系并没有断绝。百济当时的做法更有可能是以与倭国的关系为基础，进而构筑与新罗的关系，从而达到对抗高句丽的目的。

此外，百济在 440 年时隔十年再次向刘宋派遣了使节。这大概是因为前一年高句丽向刘宋赠送马匹的事件引起了百济的警惕。自 4 世纪以来，百济一直在密切留意高句丽的军事动向。

由于北魏的存在，高句丽应该无法通过陆路抵达刘宋，因此只能从辽东半岛出发，渡过黄海到达山东半岛。高句丽把 800 匹马送给刘宋，应该动用了一支颇为庞大的船队，百济的警戒系统很可能察觉到船队的移动，但他们并不知道船队的目的。百济很可能是为了确认高句丽与刘宋进行外交的目的而紧急向刘宋派遣了使节。

高句丽和百济相继遣使，而刘宋此时正致力于强化对北魏的包围网，这正好是刘宋确认两国能成为包围网一员的机会。北魏的动向对东亚局势产生了确切的影响，即使这种影响并不那么直接。

济的到来——他与赞、珍不明确的血缘关系

在百济实施与新罗协同的外交政策的同时，倭国在朝

第 2 章 从珍到济,再到兴

鲜半岛采取了一种很不一样的做法。

《三国史记》记载倭国在 440 年、444 年两次入侵新罗。《日本书纪》也出现了讨伐新罗的记录,而当我们修正《日本书纪》的纪年后,这件事应该发生在 442 年。《日本书纪》记载倭国军队在新罗的计谋之下把攻击的对象指向了大加耶。倭国到底是不是单纯地改变了攻击对象,关于这一点我们尚存疑问,但是这一则记录确实说明了当时倭国军队的一些情况。

我们认为当时倭国军队的结构是由豪族担任将军,他们分别指挥各自的部队参加战争。同时这些豪族也分别构建他们与高句丽、新罗等国的关系。面对高句丽的时候,整个倭国保持一致的立场,但面对新罗、加罗等国时,每个豪族都有各自的立场,因此他们可能不容易产生全军统一的意见。如果确实如此,那我们完全可以认为新罗是利用了倭国军队里跟本国关系密切的豪族,让他们阻止倭国军队入侵新罗。

《三国史记》和《日本书纪》记录的年份存在差异,但毕竟是不同的史料,这种差异是可以容忍的,也就是说我们可以认为倭国在 5 世纪 40 年代初发动了对朝鲜半岛的军事行动。之所以要这么做,很可能是因为不久前(438 年)即位的珍看到百济与新罗建立了友好关系,担心这一发展会影响到倭国的国际地位,因此希望能通过军

倭五王：日本的王位继承与五世纪的东亚

事行动来强化自身的权力。

在这种国际关系的背景下，倭国于 443 年向刘宋遣使。然而，这时候派遣使者的倭国王并不是珍，而是济。这么说在这个时候珍应该已经死去，济已经接替他当上了王。

济大概也是在即位以后为了确立自己的权力基础而马上向刘宋派遣了使节。我们可以认为他遣使的目的是获得刘宋的官爵，并通过这种方法得到与先王同等的地位。结果，珍的遣使只有 438 年这一次，他在位的时间也应该只有五年而已。

《宋书》并没有记载济当时请求获得的官爵，这说明他的请求应该并不过分。珍得到的官爵是安东将军、倭国王，那么济要求的大概也是安东将军、倭国王而已。

然而，珍与济之间的王位继承却存在极大的问题。这个问题就是，珍和济两个人之间似乎并不存在近亲关系。

《宋书·倭国传》中明确记载赞与珍是兄弟，却没有记载珍与济的关系。济依然使用了倭作为姓氏，无疑他跟此前的倭国王属于同一家族。但是既然他没有对刘宋说明自己与珍的关系，我们就可以推测，他与珍并没有相当亲近的血缘关系。由此可见，倭国的王位在赞传给其弟珍之后，似乎并没有继续在他们的近亲中继承下去。

针对这一问题，最合乎常理的解释就是珍没有儿子，因此远亲的济一族继承了王位。然而当时的倭国王权并未发展成熟，很难保证这样的王位继承可以以和平的方式进行。

《日本书纪》描述的惨烈战争

根据《古事记》和《日本书纪》的记载，第 16 代仁德天皇死后，围绕王位的继承发生了一场惨烈的斗争。这场斗争始于第 17 代履中天皇，结束于即位于 480 年的第 22 代清宁天皇，持续了六代天皇。履中天皇正是此前一直被认为与倭五王存在深刻关系的人物。对于这场斗争，《日本书纪》的记载是这样的。

履中天皇即位的时候，他同父同母的弟弟住吉仲皇子反叛，另一个同父同母弟弟多迟比瑞齿别（即后来的第 18 代反正天皇）派隼人杀害了住吉仲皇子。履中天皇在位六年后死去，继位的反正天皇在位期间没有发生过王族争位的事情，他的统治一直处于和平状态。然而到反正天皇继位五年后去世的时候，却出现了两位王位继承人，那就是后来的第 19 代允恭天皇和大草香皇子。

豪族们一致支持允恭天皇，他因此得以顺利继位，然而这一则记载也暗示了当时存在允恭天皇和大草香皇子双

倭五王： 日本的王位继承与五世纪的东亚

方竞争的事实。允恭天皇统治了足足42年。

允恭天皇死后，其太子木梨轻皇子由于与亲妹妹轻大娘皇女乱伦等备受争议的行为而倒台。第20代安康天皇逼死了木梨轻皇子，他即位后又诛杀了当年与父亲允恭天皇争夺王位的大草香皇子。大草香皇子之子眉轮王为报杀父之仇杀害了安康天皇。安康天皇的弟弟大泊濑皇子怀疑自己的两个哥哥白彦、黑彦皇子与此事有关，于是杀害了眉轮王与两位皇子。

大泊濑皇子还借口邀请履中天皇之子市边押磐皇子打猎，在途中将其射杀，又对其弟弟御马皇子问罪并处刑。之后他继承了王位，即第21代雄略天皇。雄略天皇死后，星川皇子专权用事，惧怕其权力的大伴室屋等人放火烧死了星川皇子。在此之后清宁天皇继承了王位。

我们必须慎重地考量《日本书纪》记载的这一系列事件到底具有多少真实性。然而可以肯定的是，这些记录透露出5世纪的王族围绕王位继承展开了激烈的斗争。

王统的移动——倭隋与倭济

我们现在继续说济向刘宋的遣使。在珍之后继承王位的济应该原本就拥有颇大势力，起码他的力量足以与珍匹敌。然而当我们考虑珍去世的情况时，就会发现如果济要

第 2 章 从珍到济，再到兴

成为新的王，首先必须解决一个重大的问题。

在倭国王一族之中能与珍匹敌的人物并不是只有济一人而已。满足这一条件的除了济以外还有一个人，那就是倭隋。

珍一方面希望能与高句丽王、百济王并肩，让倭国成为东亚的大国；另一方面，他自然不希望国内出现能与他平起平坐的强权人物。然而现实却是他无法忽视以倭隋为首的强大王族集团，不得不向刘宋皇帝推荐倭隋，授予倭隋平西将军的官职。平西将军是足以与安东将军匹敌的职位，由此我们可以推断，倭国王倭珍与平西将军倭隋之间存在一种微妙的权力平衡关系。

我们并不知道倭珍是如何死去的。不少学者结合《古事记》和《日本书纪》的记载进行了种种猜测，但这些说法都缺少证据。然而，珍的近亲确实没能继承他的王位，成为下一任倭国王。造成这种结果的原因可能有两种：珍没有适合继承王位的近亲，或者他的近亲跟他一起死去了。无论出于哪种原因，最终是济继承了王位。

倭济在血缘上与倭珍并不是近亲，他想要成为下一任倭国王就必须得到臣属于倭王权的王族与豪族的认同。具体而言，这些人就是得到珍的推荐、从刘宋获得将军号的人。在珍的朝廷里，尤其能够左右大局的就是地位仅次于珍的倭隋。换言之，在珍去世后，为什么能与他匹敌的倭

倭五王： 日本的王位继承与五世纪的东亚

隋没能继位呢？

济在443年向刘宋遣使，倭隋在这时候的动向有几个可能性。

其一，济可能在即位的时候已经拥有了足以凌驾倭隋的力量。如果是这样的话，那么济一定经历了急速的权力扩张，那么我们就很有必要探讨倭隋与倭济的关系。其二，倭隋或许在倭珍死前就去世了。如果是这样的话，倭隋与倭济的即位就没有关系了。不过在这种情况下，我们还要思考倭隋一派的继承者的动向。其三，我们还不能排除倭济就是倭隋继承者的可能性。

总结起来，我们需要思考的是倭隋与倭济究竟属于不同的势力还是同一势力。也就是说，到底当时存在第一大势力倭珍、第二大势力倭隋、第三大势力倭济，还是只有倭珍、倭隋两大势力，倭济继承并保存了倭隋的势力。

说到这里，我想起了这一时期畿内古坟群的推移。5世纪时存在古市、百舌鸟两个能够产生大王的王族集团。结合考古学证据来看，倭隋与倭济属于同一集团的可能性似乎更加合理。由此看来，我推测济是与珍分庭抗礼的平西将军倭隋的近亲，大概倭隋先于珍去世，在他死后济继承了他的势力，并接替珍成为新的倭国王。

珍在位仅仅五年便死去，此后王统向倭隋、济一脉转移，这其中到底发生了什么事情呢？我们现在已经无从考证。

第2章 从珍到济，再到兴

倭国王的地方统治

与难以辨明的倭国中央政治动向相比，关于倭国中央与地方的关系，我们能够找到可以提供线索的资料。

千叶县市原市的稻荷台一号坟是一座建于5世纪中期的圆坟。该古坟出土了一把刻有文字的剑。剑的正面刻着"王赐□□敬□"，背面刻着"此廷□□□□"。学界将之称作"王赐"铭铁剑。

由于铁剑身上的铭文残损甚多，我们在理解其内容时必须相当慎重。最值得注意的是表面开头的"王赐"二字。这两个字的意思是大和的王授予地方豪族，可见铁剑是下赐之物。

关于铭文中的"王"字可以有两种解读。

第一种是平川南提出的，他认为只出现"王"字说明当时的人对"王"的身份没有争议。也就是说在5世纪能够使用"王"这一头衔的只有大和政权的盟主倭国王一人而已。其他人即便身为王族，也不能自称"王"，而王族的身份则通过倭这个姓氏加以区分。我们不妨在这一点上把倭国与百济加以对比。在百济，拥有权力的王族都得到了王、侯这些爵位的假授。与此相比，倭隋虽然似乎拥有能与珍匹敌的权势，但并没有任何迹象表明他获得

倭五王： 日本的王位继承与五世纪的东亚

了王侯爵位的假授。当时的日本列岛上能够叫作王的人只有一人而已。

第二种是，铭文上面写的"王"并不是"大王"。铸造于5世纪下半叶的稻荷山铁剑和江田船山大刀上的铭文都有"大王"二字，而"王赐"铭铁剑则与它们不同。"王"这个称号与刘宋册封的"倭国王"更加接近，由此看来，通过册封获得的头衔似乎具有统治国内的功能。

但是我们要注意，铭文上写的并不是"国王"。对刘宋而言，"国王"与"王"存在明确的区别，但倭五王对此并没有明确的意识，他们对册封制度的理解尚且存在不足。虽说如此，他们确实把从中国获得的称号用在了构筑与国内豪族的关系之中。这一点意义重大。我们难以断定铭铁剑上的"王"到底是五王中的哪一个，但既然铭铁剑铸造于5世纪中期，那很有可能是珍或者济。

图 2-2　"王赐"铭铁剑

第2章 从珍到济，再到兴

反高句丽浪潮

通过443年的遣使，济获得了刘宋的册封，被任命为安东将军、倭国王。济虽然来自与珍不同的王统，但刘宋还是认可了他对前任国王权力的顺利继承，授予了他和珍一样的官爵。

虽然王统出现了变化，但倭国的外交政策并没有立即发生转变。或许反而正是因为王统的更迭才更加需要顾及日本列岛上众王族、豪族的利益而延续原有的外交政策。上文提到，倭国对新罗的军事行动一直延续到444年，这么看来倭国很可能从珍的时代开始就持续对朝鲜半岛发动积极的攻势。不过，到了444年以后，倭国对新罗的攻势暂时停止了。

450年，局势发生了急剧变化。刘宋本来在文帝的统治下经历了被称作元嘉之治的太平日子，但在450年遭到北魏南下入侵，刘宋军大败于北魏军。北魏军在战胜后撤退了，因此刘宋暂时还继续统治着山东半岛。然而经此一役，刘宋的国势转为衰落。

与此同时，新罗开始明确表现出反叛高句丽的信号。

高句丽在迫使新罗臣服以后，向新罗派遣了将领对其加以监视。450年，这名将领在野外打猎时，被新罗城主

倭五王：日本的王位继承与五世纪的东亚

三直杀害。高句丽长寿王对此极为愤怒，立即向新罗派遣了军队。最终新罗国王讷祇麻立干向高句丽道歉，从而避免了冲突。然而这件事件的背后明显存在上文提到的新罗与百济交好的因素。

新罗的这一行为向朝鲜半岛内外宣示，5世纪上半叶之前的新罗与高句丽的关系已经发生了改变。

同年，百济向刘宋遣使，要求获得《易林》、《式占》和腰弩。《易林》和《式占》都是占卜书，腰弩则是靠脚和腰部力量把弦拉开的弩。百济之所以要获得弩这种威力巨大的武器，很可能是要用来在战场上与高句丽对决。由此可见，百济与新罗交好以后，已经做好了在不久以后与高句丽对决的准备。

3. 济的第二次遣使与兴的登场——不明确的王位继承

451年，济第二次遣使

在这种国际形势下，济于451年再次向刘宋遣使。

这是济时隔八年再次向刘宋遣使，然而当时的刘宋在经历过北魏入侵后尚未完全恢复。刘宋遭受强烈打击后重

第 2 章 从珍到济，再到兴

整国家制度，以强化对北魏的包围网作为重要的政治任务。倭国使臣正是在这种情况下来到了刘宋。对刘宋而言，这正好是宣传皇帝权威恢复的好机会。

倭国为何要在此时派出使者呢？其实这个时候倭国有两件需要与刘宋交涉的事情。其一，济的属下有多达 23 人想要获得官职。其二，济想要成为第一个当上使持节、都督倭新罗任那加罗秦韩慕韩六国诸军事的倭国王。这两点是探明倭国目的的重要线索。

我们首先分析第一点。济在此前对 23 人假授了官职，为此需要刘宋方面的正式任命。《宋书·倭国传》并没有记载具体的官职名称，只记录了"军郡"二字。这里的"军"指将军，"郡"指郡太守。正如上文所说，百济对贵族阶层授予王侯的爵位，对府官则授予太守的官职。由此类推，济推荐的 23 人中应该也有日本列岛中拥有权力的豪族和担任府官的渡来人两种。这次遣使的主要目的应该就是请求给予他们正式的任命。

王在位期间为多名部下请求任命的例子有 495 年百济的遣使。当时百济请求刘宋授予一些在与高句丽战争中立下功劳的贵族和府官将军号、王侯爵位以及太守官职。当时是东城王在位的第 17 年，因此并不是新王即位后为了显示王的权威而进行的假授。也就是说，当时的东城王是为了奖励有战功的贵族与府官，才向刘宋遣使要求官爵的

倭五王： 日本的王位继承与五世纪的东亚

任命。

由此我们可以推断，在济统治下的倭国也存在论功行赏的必要。那么，这是针对什么事件的行赏呢？可以想到的是444年济刚刚即位后对新罗的进攻。也就是说他请求对在这次战争中立下战功的王族、豪族、府官进行任命。

此外，我们还可以推测此次遣使与443年遣使时没有提出承认豪族们的假授有关。有可能济在443年遣使时出于某种原因暂时把对豪族的假授延后，最终在451年才得以实施。如果这一说法成立的话，那济应该是在451年才总算巩固了自己作为倭国国主的地位。

济"升格"了吗

接下来我们分析济本人获得新官爵的问题。

不过，首先要解决一个与史料相关的问题。史料中对济在451年官爵的描述出现了矛盾。

济在443年被任命为安东将军、倭国王，然而《宋书》的本纪部分却记载他从安东将军、倭王升格为安东大将军。《宋书·倭国传》则说刘宋认可济担任使持节、都督倭百济新罗任那秦韩慕韩六国诸军事，但将军号仍然是安东将军。

这就产生了两个问题。其一，《宋书》本纪部分记载

第2章 从珍到济，再到兴

济是倭王，这比倭国王高了一级，而从《宋书·倭国传》的内容来看，他此时应该仍然是倭国王，不知哪一种说法才是事实。其二则是济到底有没有成为安东大将军。在王的称号与将军号两点上，《宋书》的本纪与《倭国传》出现了矛盾。

关于这两个问题，学界主要有四种看法：认为《宋书》本纪正确（高宽敏），认为《宋书·倭国传》正确（宫崎市定、西嶋定生），认为存在先后两次任命（坂元义种、荆木美行），认为史料存在讹误（石井正敏）。这四种说法中最值得介绍的是两次任命说。这种看法即，刘宋首先任命济为使持节、都督倭新罗任那加罗秦韩慕韩六国诸军事、倭王，之后又在同一年将其从安东将军升为安东大将军。这种说法整合了两处史料的矛盾之处。

如上文所述，济提出了任命23人为军郡的请求。在为部下请求任命的同时，他必然也为身为统帅的自己请求了任命。济当时已经是安东将军、倭国王，那么他要求的应该就是珍当年没有获得准许的使持节、都督倭百济新罗任那秦韩慕韩六国诸军事了。然而当时他应该没有获得安东大将军的任命。在济之后担任倭国王的兴受册封的时候也是被任命为安东将军、倭国王，由此可以推测此时济的将军号应该也只是安东将军而已。

东亚诸国的新王即位的时候，都会继承前任王的官

倭五王：日本的王位继承与五世纪的东亚

爵。百济毗有王（余毗）即位的时候，刘宋的做法是"以映爵号授之"。腆支王（余映）的官爵是使持节、都督百济诸军事、镇东大将军、百济王，毗有王正是原封不动地继承了这些头衔。毗有王之后的盖卤王（余庆）即位时获得了镇东大将军的任命。由此看来，起码就将军号而言，把先王的将军号赐予新王是通例。

济之后的兴获得的官爵是安东将军、倭国王，关于这点我们在下文将会详细叙述。如果济获得了安东大将军的任命的话，那兴应该也会对此提出要求。由此可见，济最终拥有的将军号与王号应该还是安东将军、倭国王。《宋书》本纪出现的"倭王"处应该是漏写了"国"字，至于安东大将军的任命，应该是济对此提出了请求，而编撰《宋书》时史官将其误记为任命。

六国诸军事的要求与除正

通过上文的分析，我们可以认为济这一次外交取得的最重要的成果就是获得了使持节、都督倭百济新罗任那秦韩慕韩六国诸军事的官职。这是珍当初没能够完成的外交任务。

然而，刘宋方面却对授予济的六国诸军事官职所指的范围做出了调整。珍在438年向刘宋要求的六国是倭、百

第 2 章 从珍到济，再到兴

济、新罗、任那、秦韩、慕韩，济在 451 年要求的也是一样。

倭国的目标是很明确的。六国之中的任那其实就是过去的弁韩，秦韩就是辰韩，慕韩就是马韩，这是 3 世纪以来存在的三韩。百济和新罗本来是马韩与辰韩之中的小国，后来发展成了强国，但在当时尚未能够统一马韩和辰韩。由此看来，倭国提出的六国其实就是朝鲜半岛上没有向高句丽屈服的全部地域。济和珍的目标都是要成为反高句丽联盟的盟主。

刘宋认可的六国则与倭国的请求有着微妙的差异。刘宋授予官职的六国是倭、新罗、任那、加罗、秦韩、慕韩，在这里百济的名字消失了，取而代之的是加罗。

刘宋之所以不把百济包括在内，石井正敏认为是因为刘宋此前一直授予百济王都督百济诸军事的头衔，而且百济王的将军号是镇东大将军，比倭国王的安东将军高，因此刘宋方面很难认可倭国王在百济王所统治的百济拥有军事权力。虽然坂元义种认为这种做法是可行的，然而我认为石井正敏的说法更加妥当。

另一个问题在于为何用加罗取代了百济。此前学界普遍的看法是刘宋在去除百济之后为了凑数才加上了加罗。然而，倭国并没有对加罗提出要求，刘宋反而把加罗加入头衔之中，这是一个值得探讨的问题。

倭五王：日本的王位继承与五世纪的东亚

"任那"——不同的认识

说起来，任那到底是什么呢？古时候人们认为任那就是加耶地区整体的一个称呼，加耶也叫加罗。这种理解其实会造成一个矛盾。那就是倭国请求得到名为任那的加耶全部区域的军事权，刘宋则对倭国授予了任那和加罗的军事权，这两个名字指的又是同一个地方。虽说加耶并不是刘宋能直接控制的区域，但刘宋办事总不至于马虎到这种地步。

因此，我们应该仔细研究一下任那这一名字所指代的地理区域。最近学界有一种说法为，任那是对处于加耶地区的强国金官国的称呼（田中俊明）。这种说法引用的一处证据是凤林寺真镜大师宝月凌空塔碑的碑文，里面有"大师讳审希，俗姓新金氏，其先任那王族"这句话。新金这个姓氏是532年金官国向新罗投降之后，新罗赐给金官国王

图2-3 真镜大师碑

第 2 章 从珍到济，再到兴

族的姓。新罗王族本身姓金，因此取了新金这个姓氏来加以区分。碑文说真镜大师的出身是"任那王族"，这里指的就是金官国的王族。

然而，任那一词却并不一定指金官国。《日本书纪》钦明天皇二十三年正月条中就说"总言任那，别言加罗国、安罗国、斯二岐国、多罗国、卒麻国、古嗟国、子他国、散半下国、乞飡国、稔礼国，合十国"。这一条记事发生在金官国灭亡之后，因此金官国的名字没有出现，但很明显这里的"任那"指的是加耶地区全部区域。

所以说任那有金官国和加耶全部区域两种意义，我们应该如何整合这两种词义呢？首先要注意的是，朝鲜史料中任那指的是金官国，日本史料中任那指的则是加耶全部区域。

如果我们重视朝鲜史料的话，那么任那一词本来指的就是金官国，而倭国最早其实也是把金官国看作任那的。我们其实也可以认为，由于倭国一直通过金官国，也就是任那，与加耶地区其他国家进行交流，因此久而久之就出现了用任那指代加耶诸国的用法。这种把小地名的含义扩大的做法在日语中有一个很常用的例子，即本来指代加耶地区的 kara（加罗）一词在后来扩展到指代整个朝鲜半岛的 kara（韩），到最后连中国也叫作 kara（唐）了。

倭五王： 日本的王位继承与五世纪的东亚

由此看来，珍与济提出军事权的时候说的任那一词应该不是指金官国，而是包括多个国家的整个加耶地区。如果这里的任那是金官国的话，那给人的印象就是倭国只在意金官国的军权，而对安罗国等加耶地区的其他国家毫无兴趣。广开土王碑里记载了倭国与安罗国的协同行动，可见两国之间有着相当紧密的关系，很难想象倭国向刘宋请求都督六国诸军事官职的时候会漏掉安罗。

刘宋眼中的任那与加罗

另一方面，刘宋理解的任那则是金官国的别名。

同时，刘宋还知道加耶地区除了任那（金官国）以外还有另外一个势力日益增长的国家，即加罗国（大加耶）。我们可以推测出刘宋知道加罗国存在的理由。上文提到，倭国在5世纪40年代初计划进攻新罗，但受到新罗计谋的影响，转而把进攻目标变更为大加耶。之后百济介入其中，倭国停止了进攻。如果这一系列的事件都真实存在的话，那我们就可以认为倭国曾经尝试在加耶内部展开军事活动。

百济有可能把这次事件的过程告知了刘宋，又或者是倭国为了强调自身获得加耶地区的军事权力的正当性而汇报了事件。如果我们认为此事与倭国23人获得官爵的事情有关的话,那么后一种情况的可能性应该更大。

无论出于哪一种原因,刘宋得知了5世纪40年代初发生在倭国与大加耶之间的军事接触,对大加耶(加罗)的存在也有了明确的认知。因此在451年倭国朝贡时刘宋不但认可了倭国在加耶地区任那(金官国)的军事权,还将加罗国(大加耶)也包括在内。倭国与百济在大加耶问题上立场不同,这一次可以说是倭国占了上风。

刘宋承认了倭国在加耶地区的两大势力金官国与大加耶的军事权,而倭国对其他加耶诸国也拥有相当大的影响力,这其实就等于承认了倭国在加耶地区的地位。刘宋其实是把倭国请求中的百济剔除在外,同时又做出了一些调整,以在名义上满足了倭国对六国的要求。这么做大概也有一部分是为了强调刘宋的恩德,希望倭国能在军事层面上有所贡献。然而,对于实际上的军事权而言,倭国所要求的任那(加耶地区)与刘宋授予的任那、加罗(加耶的强国金官国与大加耶)实际上几乎没有区别。

同时,倭国还获得了正尝试摆脱高句丽影响的新罗及其周边的秦韩的军事权。新罗在5世纪40年代初与倭国产生了冲突,我们很难认为在那以后两国的关系走向了友好。然而,这并不是刘宋关心的问题。

倭五王： 日本的王位继承与五世纪的东亚

《宋书》全文里出现"新罗"二字的只有授予倭国的这个"都督倭新罗任那加罗秦韩慕韩六国诸军事"的头衔。刘宋最关心的外交问题是对北魏的包围网，新罗并没有进入这一包围网。

倭国对新罗的攻击

对于济而言，刘宋承认倭国在朝鲜半岛南部的军事权应该是一大外交成果。然而，现实的东亚局势却是在混乱之上又变得更加紧张了。

北魏在450年南征以后基本上确立了在中国的优势地位。然而，北魏也无力在短时间内攻灭刘宋。

北魏太武帝想要对刘宋乘胜追击，但他被宦官杀害了。宦官们拥戴太武帝的幼子继位，然而没过多久也将其杀害。北魏官员对专横的宦官进行反扑，拥立了太武帝之孙文成帝。这些都是发生在452年的事情。北魏虽然在短时间内统一了华北，建立了强大的政权，但其内部也并非铁板一块。对北魏而言最大的障碍是皇帝与鲜卑族的矛盾，皇帝希望在北魏推行汉化政策，将其转变为中华王朝，而鲜卑族则反对这种做法。另外一个大问题则是鲜卑族与汉族之间的矛盾。因此，北魏并不能把全部精力放在针对外部的军事行动。

第2章 从珍到济，再到兴

局势不稳的并不只是北魏而已，刘宋也面临着同样的问题。453年，开创了元嘉之治、把刘宋国势推向高峰的文帝被皇太子杀害。皇太子即位仅仅三个月就因为杀害文帝而遭到讨伐，不久后被处刑。之后即位的孝武帝已经难以恢复往昔皇帝的威势了。

由此可见，当时南朝和北朝都处于政变与混乱之中，双方都暂时无力推动国际局势。与此同时，百济等国的局势也陷入动荡，好像是看准了这一时机一样。首先是高句丽长寿王，他感到新罗的独立对自身不利而在454年攻击了新罗。次年三月，百济毗有王外出打猎，到了九月却突然离奇死去。到了十月，高句丽可能是由于得知百济王死去而入侵了百济，但新罗向百济派遣了援军。百济与新罗自433年以来就有联动的趋势，此时两国的同盟关系正式确立。高句丽对百济、新罗这一局面确立起来。

那么，倭国在这一局势之中扮演了怎样的角色呢？

刘宋在名义上承认了倭国在新罗、加耶等地的军事权，此时倭国正将对新罗的军事行动变为现实。459年，倭国再次攻击新罗，派出了100多艘兵船围攻月城，但被新罗击退。之后倭国在462年、463年两次入侵，对此新罗在沿岸地区修建了两座城堡。新罗虽然力图摆脱北方高句丽的影响，南方的倭国却以从刘宋获得的名义军事权为

倭五王：日本的王位继承与五世纪的东亚

理由入侵，这依然是个相当令人头痛的问题。

那么，百济与新罗的同盟在倭国问题上是否仍然有效呢？或者换个角度看，百济是否基于这一原因而放弃了自4世纪末以来与倭国的同盟关系呢？在这一点上，我们很难认为百济因此疏远了倭国。

460年，倭国向刘宋遣使。这次遣使并没有留下王的名字，但很有可能是济。我们也不知道这次遣使的目的是什么。然而，单单是派遣了使者这一事实就能说明，百济像过往那样对倭国渡海给予了帮助。

另外，百济在461年向倭国派遣了王弟昆支（《日本书纪》作军君）。这是自428年以来第一次出现在文献里的倭国与百济间的外交，中间相隔了32年。更重要的是这次派遣的并不是普通使者，而是王族成员。中国史料在458年出现了余昆的名字。有学者认为昆支出使的真相是他在百济内部的王族斗争中失败并被放逐。但无论出于何种理由，倭国收留百济王族的背后应该有倭国与百济之间的外交共识。

455年毗有王去世后，继位的就是那位拥有传奇命运的盖卤王。在盖卤王即位后，百济对倭国的外交政策再度转变。毗有王统治时也与倭国保持了友好关系，但他的外交政策毕竟比较被动。与此相比，盖卤王则是积极地与倭国建立友好关系。作为这种新外交政策的一环，向倭国派遣王族也是相当有可能的。盖卤王一边保持着与新罗的同盟，另一边再次强化与倭国的关系，以此作为与高句丽对决的资本。

对百济而言，与新罗结盟是为了对抗高句丽，而不是要对抗倭国。毗有王虽然给倭国提供了不少便利，但不可否认的是两国的外交确实处于停滞状态。在盖卤王即位后两国的友好关系得以复苏。然而，为了对抗高句丽而联合起来的两个盟友——倭国和新罗之间却产生了对立，这使百济陷入了尴尬的局面。

462年，兴的登场

宋文帝遭到暗杀后，刘宋陷入了混乱的局面，孝武帝即位后局面暂时得到稳定，但皇族的叛乱还是相继发生，刘宋的国力不断衰退。正是在这种情况下，倭国使者于462年来到刘宋。然而，这次遣使与之前的外交活动并不一样，这一次是自称济的"世子"的兴汇报了济去世的消息。由此我们可以推测济统治倭国将近20年。

我们可以认为，兴遣使的目的是报告倭国王济去世的消息，同时要求刘宋方面册封自己为新王。仅从这两点看的话，这次遣使与珍、济的第一次遣使并无区别。

值得注意的是兴遣使时的立场。他作为遣使的主体，

倭五王：日本的王位继承与五世纪的东亚

身份是倭国王的世子，这与珍、济的情况有所不同。描述珍遣使的史料是"赞死，弟珍立，遣使贡献"，即珍在国内即位以后派遣使者。济的情况是"倭国王济遣使奉献"，在遣使的时候济已经自称倭国王了。也就是说，珍与济在第一次遣使的时候已经在倭国即位为王，向刘宋朝贡只是为了获得正式的册封。兴并不自称为王，而是以世子的名义遣使。

世子这一词语原本是诸侯继承者的意思，在古代则是天子的继承者。后来天子的继承者称太子，诸侯的继承者则称世子，以作区别。在宋武帝接受东晋恭帝禅让前不久，他被允许使用与皇帝同等的待遇，他的王妃改称王后，世子改称太子。由这一事例可知，东晋末期时太子与世子在制度上存在明确区别。

世子制度在刘宋的周边国家同样适用，如刘宋在430年任命北凉沮渠蒙逊之子为河西王世子，439年把吐谷浑（活跃于今西藏、青海一带的游牧民族）的族长封为河南王，其庶长子封为抚军将军，嫡子封为河南王世子。由此可见，刘宋把周边诸国的君主封为王的同时也会将其继承人封为世子。

然而，这些世子的性质并不都一样。以北凉为例，在刘宋册封世子以前，沮渠蒙逊已经在423年任命其子为世子。这与刘宋的任命无关，是沮渠蒙逊自己立的世子。简

第 2 章　从珍到济，再到兴

而言之，世子有两种，一是周边国家自己决定的继承人，二是刘宋正式承认周边国家选定的继承人，任命其为某王世子。

那么，东亚其他国家的具体情况是怎样的呢？我们能找到的一处事例是略早之前，在东晋时百济的例子。《晋书》本纪太元十一年（386）四月，余晖以百济王世子的名义遣使，东晋将其任命为使持节、都督、镇东将军、百济王。

余晖就是辰斯王，他即位的过程并不顺利。384 年，近仇首王去世，长子枕流王继位。然而枕流王在次年，即东晋太元十年（385）十一月也去世了。《三国史记》记载，当时枕流王长子阿莘年幼，因此其叔父，也就是近仇首王的第二子继位，是为辰斯王。不过，《日本书纪》中却说年幼的阿花（阿莘）是被辰斯夺去了王位。如果辰斯王确实是通过夺位继承的话，那他的即位自然是不符合常规的。事实上，《三国史记》里也记载了阿莘是枕流王的太子，这与《晋书》中辰斯是百济王世子的说法存在矛盾。从当时的情况来看，辰斯的百济王世子的身份是有疑问的。

关于辰斯王的世子身份，我的解释是这样的。近仇首王死去后，枕流王继承了王位，并把儿子阿莘立为世子（《三国史记》作"太子"）。然而枕流王在不久后死去，

倭五王： 日本的王位继承与五世纪的东亚

年幼的阿莘没能继位，其叔父辰斯则当上了新王。我们不知道辰斯王是否篡夺了阿莘的王位，但他的即位肯定是意料之外的事情，他作为新王的立场并不稳固。

因此，辰斯声称自己是枕流王的继承者，以百济王世子的名义于 386 年向东晋遣使。东晋将他册封为王，他就能利用东晋的权威作为后盾，从而强化了自身的权力基础，进而即位为王。

从济到兴的王位继承发生了什么

回到正题。兴在和刘宋进行外交活动的时候，与珍、济不同，并没有说自己已经即位，而是以世子的名义遣使。这是无可争议的事实。

针对兴的世子身份，我们可以做出三种解释。其一，刘宋可能在之前已经认可了他作为倭国王世子的地位。其二，济把兴任命为继承者，但没有获得刘宋的承认。其三，兴并不是济的继承者，但他在向刘宋遣使的时候自称为世子。

孝武帝向兴颁布了诏书，这是我们解答这一问题的重要线索。

> 倭王世子兴，奕世载忠，作藩外海，禀化宁境，

第2章 从珍到济，再到兴

恭修贡职。新嗣边业，宜授爵号，可安东将军、倭国王。

值得注意的是，诏书的开头就出现了"倭王世子"四个字。

这四个字表明刘宋可能认可了兴作为世子的地位，这么看来，第一种解释的可能性应该更大。然而这里还有一个问题，那就是刘宋授予的王号是倭国王而非倭王。如果这是刘宋承认的世子身份，那应该称作倭国王世子才对。我们也可以认为是兴自称"倭王世子"，孝武帝直接使用了这个称号并记在了诏书里。

兴以世子名义遣使这件事本身也很值得关注。正如上文所说，辰斯王作为百济王世子遣使的时候，他尚未即位为王。如果我们认为这一例子普遍适用的话，那么以世子名义遣使就意味着自称世子的人出于某种原因而难以顺利即位，要在获得中国的册封以后，利用中国的权威在国内即位。如果没有任何继承问题的话，那应该是先在国内即位，然后向刘宋遣使，获得刘宋的册封。也就是说，兴自称为世子这件事，本身就可能意味着出于某种政治因素，他的即位难以获得认可，他为了打破这种局面才向刘宋派遣了使者。

从济到兴的王位继承或许出现了某种问题。兴可能与

倭五王： 日本的王位继承与五世纪的东亚

辰斯王一样，并不是意料之中的继承者。为此，我们要继续考察济与"世子"兴之间的关系。

在兴之后向刘宋遣使的是武，《宋书·倭国传》记载武是兴之弟。武的上表文也称济为"亡考"（亡父），由此看来，兴应该确实是济的儿子。然而即使血缘上是亲父子，两人在政治上的关系却并不一定和谐。自古以来也有骨肉相残的说法。重点在于，兴为何在对刘宋展示世子这一政治地位时没有强调济与自己的父子关系。这一点似乎是解开世子兴身份问题的关键，但遗憾的是我们找不到让人信服的史料。

珍、济、兴的王权

济继承了珍的王位，兴又继承了济的王位，五王的地位由此传承下去。

刘宋授予赞的头衔安东将军、倭国王代代相承。在这个过程中，济对"使持节、都督……六国诸军事"的索求获得了认可，这可以说是倭国国际地位的一次跃升。与高句丽、百济相比，倭国是较晚介入东亚国际关系的。我们可以认为此时的倭国总算在官爵上达到了不次于两国的水平。

然而，这并不意味着倭国的权力扩张一帆风顺。

第 2 章 从珍到济,再到兴

很早以前就有学者指出,济对珍王位的继承实际上是王统的转移。此外,理应是父子关系的济与兴之间的继承似乎也不稳定。

虽然这几位王都获得了刘宋的倭国王册封,但他们在国内的王位继承并非没有问题。当时的王位继承并不单纯是王在近亲中选定一个继承者,由该继承者顺利继承。实际上继承者与先王血缘关系的远近并不是首要考虑的因素,更重要的是他能否为周边的人实现倭国的利益。因此,当时的王位继承往往并不安定,即便近亲之间也不得不展开激烈的斗争。

第 3 章

倭王武的目标

——在激荡的东亚中

5世纪初不安定的国际局势在进入下半叶以后逐渐演变为一个巨大的旋涡，其影响波及整个东亚。这对倭国而言也是一个重大的外交课题。

倭五王的最后一位——武是如何面对这种国际局势的呢？倭国从赞以来在东亚国际舞台积累的外交财富终于通过武的上表文结出果实。他的上表文是五王构筑的权力的总结，在研究5世纪倭王权时也不得不认真分析这篇上表文。我将在下文进行这一方面的分析，并探讨武的动向。

第 3 章　倭王武的目标

1. 武在 478 年的遣使——刘宋的低谷，与高句丽的对抗

高句丽再度南下

在兴向刘宋遣使的 462 年，东亚诸国的关系正处于一个微妙的平衡之上，但这个局面并没有延续很长时间。

刘宋相对于北魏的劣势变得越来越明显。刘宋为了挽回这一局面，让高句丽更紧密地站在自己的阵营里，于 463 年提升了长寿王的官爵，任命他为车骑大将军、开府仪同三司。所谓开府仪同三司，顾名思义就是拥有开府的权力，其仪（待遇）与三司（指司徒、太尉、司空，是宰相一级的官职）相同。由此，高句丽获得了名义上最高级的待遇。从刘宋获得这一级别待遇的只有仇池（420 年确认）、北凉（421 年）、吐谷浑（454 年）、高句丽。刘宋正是由于穷途末路才将如此高的地位授予了高句丽。

然而，长寿王对刘宋的态度相当冷淡。如表 3–1 所示，高句丽在 5 世纪 60 年代多次向北魏遣使，其频率比向刘宋的遣使高得多。尤其是到了 60 年代后半，每年遣使已经成为常态。这自然是出于对北魏势力增强的戒备。

高句丽的目的是要与西边的北魏保持稳定的关系，并

倭五王： 日本的王位继承与五世纪的东亚

推进南下政策。对高句丽而言，当时最需要解决的外交难题是新罗。新罗对高句丽显示出越来越强硬的敌对姿态，为此高句丽于468年袭击了位于两国边境地区的悉直。对新罗而言，高句丽全力南下是一个严重的威胁。为了抵御高句丽的势力，新罗在国境上的何瑟罗筑城，之后又于470年在朝鲜半岛中部修筑了三年山城，以此强化了防御体系。

表3-1 460~475年各国遣使的状况

	高句丽		百济		倭国
	北魏	刘宋	北魏	刘宋	刘宋
460					○
461	○	○			
462					○
463		△			
464					
465	○				
466					
467	②	○		○	
468	○				
469	○				
470	○	○			
471				○	
472	②	○	○		
473	②				
474	②				
475	百济王都陷落				

注：②表示一年内两次遣使，△表示获得了头衔，但无法确认是否遣使

第3章　倭王武的目标

对新罗的盟友百济而言，高句丽针对新罗的攻击也是一件大事。百济于469年攻击了其与高句丽的国境一带。这次军事行动可以被看作为了牵制高句丽对新罗的入侵，是百济与新罗针对高句丽的协同行动。在这段时间，百济与高句丽的对立趋于尖锐，或许还发生了其他军事冲突。之所以说或许，是因为从盖卤王即位的455年到467年这13年间的记录已经散佚了。

中原的局势也出现了变化。北魏于5世纪60年代中期重新开启了对刘宋的入侵，并于469年占领了山东半岛（川本芳昭）。对高句丽等国而言，山东半岛这一进出大陆的门户终于落入了北魏手中，大陆的局势明显向有利于北魏的一方倾斜。这一事件迅速地影响了国际局势，高句丽进一步倾向北魏。在472年以后，高句丽几乎每年都向北魏派遣两次使者。这么做主要是为了防止北魏在高句丽南下攻击百济、新罗的时候干预三国间的事务。

百济接近北魏

对于一向重视与刘宋外交的百济而言，北魏的扩张与山东半岛统治权的转移是一次巨大的冲击。同时高句丽加强了对百济的攻势，这时候把希望寄托在刘宋身上已经变得不可取了。于是，盖卤王在472年做出了一项重要的决

倭五王： 日本的王位继承与五世纪的东亚

断，那就是向北魏朝贡。

对百济而言，北魏与高句丽接壤，因此是能够帮助其逆转劣势的唯一一个国家。面对高句丽的南下，盖卤王已经难以挽回局面，因此把最后的希望寄托于北魏能出兵干预。他任命私署冠军将军、驸马都尉、弗斯侯、长史余礼和龙骧将军、带方太守、司马张茂为使者出使北魏，在上表文中诉说了本国狼狈的境况。由于当时百济没有获得北魏的册封，为了表示官职是盖卤王私自授予的，因此在头衔里加上了"私署"二字。

我们应该关注使者的人选。从余礼的姓氏看，他应该是百济王族的一员，而且他拥有弗斯侯这一侯爵头衔，这就更加证明了这一猜测的正确性。此外，张茂的官职是太守，他应该是百济收留的汉人遗民，负责实际的外交事务。由王族担任府官的做法与第 1 章的说明有所出入，但鉴于交涉内容的重要性，可能百济当时故意任命王族为府官，以此强调自身对北魏的重视。

百济向北魏呈上的上表文描述了本国与高句丽对抗的历史。为了能让北魏出兵，文章里有不少夸张之处，但只要有助于认识当时百济的形势的话，也不失为宝贵的史料。以下我将列举上表文的几个要点。

· 百济曾经击败高句丽的故国原王，还将其处刑，在最近的 30 年间却陷入了劣势。

第 3 章　倭王武的目标

・高句丽与刘宋和北方的柔然保持良好关系，意欲对北魏不利。

・高句丽在 440 年阻止北魏向百济遣使，还杀害了使者。百济方面有证据证明此事，在此一并提交。

百济方面在上表文中主要提出了两项主张。其一是自毗有王在位的 5 世纪 40 年代起，百济与高句丽的对抗变得更加激烈。其二，高句丽是个反复无常的国家，为此北魏有必要出兵讨伐。

百济败北，盖卤王被处刑

然而北魏没有行动。百济方面把一具马鞍作为证据呈上，但北魏方面认为马鞍并不来自北魏，因此不予认可。高句丽虽然做出了一些对北魏不利的举动，但并不至于要为此讨伐高句丽，因此向高句丽出兵一事就此作罢。由此可见，高句丽积极与北魏进行外交颇有成效。此后，对北魏的反应感到绝望的盖卤王再也没有向北魏朝贡。

当然，百济并不是只在北魏进行游说活动。百济使者在 467 年、471 年访问刘宋，然而史料并没有记载这两次遣使的细节。

我们也不知道倭国在这段时间的动向。当时盖卤王的弟弟昆支留在倭国，他理应起到维系两国关系的作用。然

倭五王：日本的王位继承与五世纪的东亚

而，没有迹象表明百济向倭国要求过援兵，倭国也没有做出任何要支援百济的举动。

刘宋元徽三年（475）九月，高句丽长寿王任命逃亡至高句丽的百济人再曾桀娄、古尔万年为将军，二人率领三万人的军队攻击百济王都汉城。百济在当时已经和高句丽交战30年，国力大损。还有一种说法是高句丽用计谋使百济修建了许多土木工程，由此使百济人民变得穷困。盖卤王派王族文周为使者，要求同盟国新罗派遣援军。然而，这时候的盖卤王已经做好了牺牲的准备，派文周出使的另一个考虑是让他逃出百济，希望有朝一日文周能带领百济复国。

汉城在围攻之下抵抗了七天。这一点在《日本书纪》与《三国史记》中的记载是一致的，应该是事实。新罗答应了文周的请求并派遣了援军，却为时已晚。七天后，汉城陷落。

盖卤王本来打算逃跑，却在路上被逮捕并遭到处刑。他的王后与留在城中的王子一并被杀。通过这次战役，长寿王成功为故国原王报仇雪恨，这是高句丽誓愿得以实现的一天。

武的登场——新的官爵要求

在劫难之后，百济人不得不拥立在外逃亡的王族文周

第3章 倭王武的目标

为新王，试图重建国家。在盖卤王被杀后的一段时间里，倭国并没有做出支援百济的大动作。当时倭国的外交活动表现为向刘宋的遣使。

《宋书》本纪中记载，刘宋昇明元年（477）"冬十一月己酉，倭国遣使献方物"。（己酉是误记，应为乙酉，详见下文。

《宋书》本纪又记载，在第二年（478）"五月戊午，倭国王武遣使献方物，以武为安东大将军"。《宋书·倭国传》则记载："兴死，弟武立，自称使持节、都督倭百济新罗任那加罗秦韩慕韩七国诸军事、安东大将军、倭国王。"综合两处记载，我们可知在兴死后武即位，武在478年遣使要求册封。

实际上这几则记载带来了一个重大的问题，那就是武到底是在哪一年登场的。但在这里我们先要讨论另一个问题，那就是武在这次遣使中得到了什么。

478年的使者的确是武派遣的。武私自拟定了一些官职，并希望得到正式的册封。在武以前的王都是在第一次遣使时获得了官爵，而刘宋对武的应对也没有太大的变化。然而，他获得的官爵却有所不同。

只要关注武在此时要求的官爵，就不难看出他的目的相当明确。我们不妨将其与济和兴的头衔相比。济最初是安东将军、倭国王，后来升格为使持节、都督倭新罗任那

倭五王：日本的王位继承与五世纪的东亚

加罗秦韩慕韩六国诸军事、安东将军、倭国王。兴则是安东将军、倭国王。

在武要求获得的官爵中，首先倭国王并无改变。而在将军号上，武自称为安东大将军。在此以前倭王即位时获得的都是安东将军，武则要求获得品级更高的安东大将军，可见他对将军号的升格有着明确的要求。

使持节、都督倭百济新罗任那加罗秦韩慕韩七国诸军事这一头衔是在刘宋授予济的六国之上又加上了百济。百济在475年以后陷入了明显的劣势，因此倭国希望趁此机会获得百济的军事权。此外，武还要求刘宋承认之前一直没有正式认可的开府仪同三司。如上文所述，刘宋在463年把开府仪同三司的头衔授予了高句丽，武之所以提出这项要求也是为了对此事做出应对。

从对百济的排序意识到对高句丽的对抗意识

上文提到，珍请求获得官爵时有意识地参考了百济王的官爵，而武遣使时则更多关注高句丽。可以说官爵对倭国王的意义从与同盟的排序意识转移到了与敌对国家的对抗意识。

面对武的请求，刘宋承认的官爵是使持节、都督倭新罗任那加罗秦韩慕韩六国诸军事、安东大将军、倭王。刘

第3章　倭王武的目标

宋并没有认可倭在百济的军事权。

百济虽然都城陷落、盖卤王被杀，但即位的文周王正意欲重振国家。我们不能确定刘宋掌握了多少有关盖卤王被杀后百济情形的信息，但刘宋不会轻易把军事权授予倭国。此外，刘宋也没有认可开府仪同三司。原因可能有两点，一是开府仪同三司是刘宋朝廷里级别最高的头衔，不能轻易授予；二是刘宋将开府仪同三司授予高句丽，目的是要利用对方，如果又授予武的话或许会激怒高句丽。

然而，刘宋在另一个方面认可了倭国的请求，那就是安东大将军。另外，刘宋任命武为倭王而非倭国王，即便武并没有对此提出要求。第1章已经提到，这两者都是升格的体现。刘宋一方面允许武升格为大将军，另一方面通过倭王这一头衔认同了倭国作为外臣对刘宋的利用价值。

刘宋授予武的官爵可以说是执行了胡萝卜与大棒的政策。一方面武获得的官爵与前任相比有了明显的提升，另一方面这大概无法让武完全满意。这是因为武的官爵与高句丽相比明显落了下风。

谁派遣了477年的使者

与此前一样，武在478年遣使是为了接受官爵的册封。可以说这次遣使达成了该目的的最低要求。然而问题

倭五王： 日本的王位继承与五世纪的东亚

在于前一年的遣使。

史料只记载了477年"倭国"朝贡，而没有记载王的名字。478年遣使的王毫无疑问是武，但我们无法明确判断在477年遣使的是不是他。

遣使的频率也与过往不一样。距离477年最近的一次遣使是在462年，也就是兴请求册封的时候。在这两次之间的15年中倭国都没有向刘宋派遣使者。如表3-2所示，这是倭五王遣使的历史里间隔最长的一个空白期。与之相对的是477年、478年连续两年遣使。在倭国与中国进行外交的历史里，间隔15年与连续两年朝贡都是特例。倭国内部可能出现了某种问题。

表3-2 倭五王的外交频率

公元纪年	刘宋年号	派遣者	出处
421	永初二年	赞	《倭国传》
425	元嘉二年	赞	《倭国传》
430	元嘉七年		《文帝纪》
438	元嘉十五年	珍	《文帝纪》
443	元嘉二十年	济	《倭国传》
451	元嘉二十八年	济	《文帝纪》
460	大明四年		《孝武帝纪》
462	大明六年	兴	《孝武帝纪》《倭国传》
477	昇明元年		《顺帝纪》
478	昇明二年	武	《顺帝纪》

注：派遣者留空处表示史料中没有明确记载派遣者

第3章 倭王武的目标

那么，我们到底应该如何理解477年的遣使？学界围绕这一问题存在多种见解。

第一种观点为477年的遣使是史料的误记，实际上并未发生（铃木英夫）。第二种观点为477年与478年两次朝贡的使者是同一个人，派遣他出使的是武（广濑宪雄）。第三种观点是武分别在477年、478年派遣了不同的使者（横山贞裕、前之园亮一）。第四种观点则为477年遣使的是兴，478年遣使的是武（坂元义种）。这些观点基本上涵盖了全部的可能性。那么到底哪一种看法是正确的呢？

先直接说结论。我认为，第四种观点，即兴在477年遣使、武在478年遣使是正确的。以下将论证各种观点的正误。

首先看第一种说法，即477年遣使是史料误记，实际上并未发生。477年遣使记载中有"（昇明元年）十一月己酉"。这是一个明确的日期，也就是说条文的背后存在具体的记录。如果只是因为在整理史料的过程中存在难以解释的事情就否定史料本身的价值，那么基于史料研究历史的史学就无法作为一种学问立足了。当然并不是所有史料都反映了历史事实，但如果要说某一则史料并非事实，最起码要能够说明清楚为何产生了这样的错误。

倭五王： 日本的王位继承与五世纪的东亚

第二种说法，即477年与478年的使者是同一个人的说法能否成立呢？如果此说成立，那么倭国使者就在刘宋停留了七个多月的时间，他首先到达刘宋，之后谒见皇帝，《宋书》的本纪与《倭国传》都把这个过程记录成了两次朝贡。这种说法虽然有一定的说服力，但也存在问题。针对这些问题的讨论略显琐碎，但对解答该问题相当重要，因此下文将详细探讨。

首先，477年与478年的两次朝贡都有"献方物"的明确记载。朝贡的日期应该就是刘宋接收贡品时记录的日期。

我们可以关注这些日期。477年遣使的日期是"十一月己酉"，也就是十一月二十九日，但这个日期应该存在误记。《宋书》本纪中在己酉（二十九日）之后又出现了丙午（二十六日），这是很不自然的。唐代整理的南朝地方志《建康实录》则把此事记载为"乙酉"（五日），这应该才是正确的，己酉是乙酉的误写。无论如何，可以确认的是倭国朝贡一事有着精确到日期的详细记载。

与之相对，478年遣使的日期是"五月戊午"，戊午是十二日。在这个日期发生的事情应该就是"倭国王武遣使献方物，以武为安东大将军"。虽说我们可以认为收到贡品与授予官爵是两则记录，但按照外交礼仪，外交使节谒见皇帝，向皇帝献上贡品，之后皇帝应该授予赏赐。

从礼节的流程来看，把献方物与册封看成同一天的事情应该是没有问题的。

总而言之，如果认为477年与478年是同一次遣使的话，那么就无法解释使者为何在两个时间里献上了贡品。献方物这件事既然有明确的日期记载，那么就是有根据的记录。另外，把一次朝贡误记为两次的说法也难以成立，因为昇明元年（477）十一月并没有戊午日，而昇明二年（478）五月也没乙酉日。就算认为使者曾经打算回国，但在路上出了问题因此又折返，也无法解答两次献方物的问题。因此，昇明元年十一月的使者与昇明二年五月的使者明显不是同一人。

为什么间隔只有半年

我们来探讨一下第三种说法，即477年、478年的两次遣使都是武发起的。回顾武获得册封的过程，首先是武自称"倭国王"并向刘宋遣使，之后刘宋册封武为"倭王"。《宋书》本纪部分提到478年遣使时明确记载了"倭国王武"。武应该是在昇明二年五月献上方物的时候同时获得了安东大将军和倭王两个头衔。也就是说，477年遣使时武并没有得到册封，因此那一次遣使并非由武发起。

倭五王：日本的王位继承与五世纪的东亚

另外，武在 478 年获得的安东大将军是他得到的第一个将军号，这一点也能成为佐证。《宋书》在记录第一次任命官职的时候使用"为"字，而如果是官职的晋升则使用"进"字。478 年授予武官职的时候用了"为"字，证明这是第一次授予。假如武在 477 年已经遣使过一次，那就会产生一个问题：为何他在那个时候没有获得官爵？

有没有可能武在第一次遣使的时候没有获得刘宋的官爵呢？我们不妨看看此前四王的例子。

赞、珍、济、兴都是在第一次遣使的时候就获得了官爵。没有理由认为只有武在第一次遣使时不被礼遇。反过来，正如前文所述，刘宋对武其实是相当礼遇的。

由此看来，477 年遣使应该并非由武发起，也就是说第三种说法不能成立。武应该是在 478 年首次向刘宋派遣使者，并获得了官爵。《宋书·倭国传》提到兴死后武自称了几种官爵并遣使朝贡，刘宋向他授予了正式的头衔，这两处记录正好可以综合起来理解此事。

那么，为何两次遣使的间隔只有半年之短呢？从倭国的状况我们能看出一些端倪。倭国之所以在间隔 15 年后遣使，从当时的局势来看，应该是与百济灭亡有关，很有可能是要向刘宋报告与高句丽对决的事情。然而当时倭国王突然去世，因此新即位的武又一次向刘宋派遣了使者。

第 3 章 倭王武的目标

2. 武向刘宋皇帝上呈的上表文

上表文描述的5世纪下半叶的世界

武派出的使者向刘宋皇帝呈上了一篇很长的上表文,《宋书·倭国传》记载了这篇文章。这是一则重要的史料,如果要理解5世纪下半叶的国际局势,就一定不能忽视这则史料。下文将引用武的上表文并译为现代汉语。

> 封国偏远,作藩于外,自昔祖祢,躬擐甲胄,跋涉山川,不遑宁处。东征毛人五十五国,西服众夷六十六国,渡平海北九十五国,王道融泰,廓土遐畿,累叶朝宗,不愆于岁。臣虽下愚,忝胤先绪,驱率所统,归崇天极,道径百济,装治船舫,而句骊无道,图欲见吞,掠抄边隶,虔刘不已,每致稽滞,以失良风。虽曰进路,或通或不。臣亡考济实忿寇仇,壅塞天路,控弦百万,义声感激,方欲大举,奄丧父兄,使垂成之功,不获一篑。居在谅暗,不动兵甲,是以偃息未捷。至今欲练甲治兵,申父兄之志,义士虎贲,文武效功,白刃交前,亦所不顾。若以帝德覆

倭五王：日本的王位继承与五世纪的东亚

载，摧此强敌，克靖方难，无替前功。窃自假开府仪同三司，其余咸各假授，以劝忠节。

【一】倭国受刘宋册封，处于偏远的地方，以藩国的身份，处于刘宋的海外。过去我的祖先就亲自披上铠甲，翻过大山，渡过大河。向东征讨毛人的五十五国，向西让夷狄的六十六国臣服，又渡过大海，安定了半岛上的九十五国。刘宋皇帝的王道安定，土地也扩张到远离都城的地方。自祖先以来世代朝贡，从来没有错过日期的。臣（武）虽然愚钝，在惶恐之中继承王位，但在治理国家的时候还是一心向着刘宋。倭国朝贡的路线要经过百济，在国内也准备好了船舶。

【二】然而高句丽却违背道理，企图吞并周围的国家，派兵侵略了边境地区，不断杀害人民。因此经常导致倭国向刘宋朝贡的使者无法顺利到达，失去了朝贡的机会。使者就算想要前往刘宋，道路也是时而通畅时而堵塞。亡父济看到高句丽阻挡了前往刘宋的道路，感到非常愤怒，百万弓兵被他感奋激发，正准备大举进攻高句丽。然而这时候我的父兄都去世了，以致本来马上要成功的事业没能达成。之后由于我要为父兄守丧，没能发动军队。

【三】因此我暂时让军队停了下来，未能击破高句丽。至今为止我一直在训练军队，希望能达成父兄的愿

第 3 章 倭王武的目标

望。正义之师为了达成文武之功，即便白刃在眼前相交也面不改色。我希望能在皇帝的恩德之下击败强敌高句丽，让危险得以平息，让此前的事业不至于白费。

【四】我私自自称开府仪同三司，另外还给属下的其他人假授了官职，希望以此鼓励他们的忠诚。

这篇上表文是记录了倭国周边情况的宝贵史料。其内容包含了多方面的信息，因此也存在一些难以理解的地方。学界对上表文做出了各种解释。现在我们先关注上表文的结构与目的。

上文现代汉语部分将文章按照内容的结构分成了四部分。第一部分强调倭国长期以来受刘宋册封，也一直尽忠职守，两国关系一直到武为止都相当良好。

第二部分控诉高句丽为了侵略周边国家而阻碍了倭国外交使节的派遣，以致倭国向刘宋的朝贡出现了问题。之后叙述了倭国曾计划出兵攻打高句丽，结果由于济、兴的死亡而没能实现。

第三部分说明了现在的状况，再次向刘宋提出必须讨伐高句丽。

最后，武在第四部分阐述自己在倭国内部假授了官职，希望能达成目的。《宋书·倭国传》里没有记录具体假授的情况，大概是在收录的时候省略了，上表文原本应该在这一段之后附有请求承认假授官爵的内容。

倭五王：日本的王位继承与五世纪的东亚

从上表文看兴的死及针对高句丽的意图

如上所述，478年的遣使无疑是在兴死后由武主导的，而477年的遣使应该不是武的所为。在武的上表文中也有体现这种王位继承的语句，即"居在谅暗"这句，这是思考兴之死以及武的即位时不能忽略的重要史料。

谅暗就是服丧的意思。儒家思想的行为规范被称作礼，礼重视家族伦理，在家族年长者去世的时候需要服丧。根据后汉经典《白虎通》的记载，父亲去世时应该服丧三年，兄长去世时应该服丧一年。

兴曾于462年遣使，也就是说济在那以前已经去世了，因此武不可能是为济服丧，所以上表文中提到的谅暗应该是为兄长兴服丧。

然而，上表文中还出现了"奄丧父兄"这句话。一般认为，这句话的意思是济与兴相继去世，兴在位不过数年，在此之后武就即位了。不过如果是这样解释的话，就与谅暗的记录出现了矛盾。这种解释还会引申出一个外交上的问题，那就是武为什么没有在即位后马上向刘宋派遣使者。

这里我们不妨回顾倭五王向刘宋派遣使者的目的：王自身得到册封，获得刘宋的官爵，以及推荐王族、豪族获

第3章 倭王武的目标

取官爵，从而加强王的权威，再就是通过获得将军号得到任命府官的权力，从而对统治机构加以整备。

针对这一点，有一种说法为倭国在武的时代开始摆脱中国的权威。然而这种说法忽视了倭国与百济等国的关系。倭五王获得的官爵并不仅仅在倭国内部发挥作用，还有与高句丽、百济在东亚竞争中提高本国地位的目的。倭五王一直留意着百济与高句丽的官爵，并请求获得能与之匹敌的头衔。只要武没有放弃与百济、高句丽的竞争，那就不会仅仅因为不再需要利用官爵进行国内统治而停止遣使。武既然有要与高句丽对抗的意识，那他在即位之后就必然要马上向刘宋遣使，以要求得到册封。

也就是说，"奄丧父兄"这句话应该理解为兴在不久前去世的意思。如果477年的使者是兴派遣的，那么在使者出发后不久兴就死去了。

正因如此，倭国才会做出连续两年遣使（更准确地说是时隔半年遣使）这种与过往很不一样的事情。也就是说，兴在派出使者之后就出于某种原因死去，武作为新王即位后，为了得到刘宋的册封就必须马上遣使，因此没等上一次的使者回国就派出了新的使者。

我们不知道兴为何在受到册封后整整十五年间没有遣使，这大概与兴即位的经历有关。另外，百济经历了短暂

倭五王： 日本的王位继承与五世纪的东亚

的亡国，这一国际形势的剧变也扰乱了倭国国内的形势，与477年遣使可能也有关系。然而，在那个时候兴却突然死去了。

虽然只是暂时的，但百济毕竟灭亡了，在这种局势之下，新即位的武不得不马上派出使者。在战胜百济之后，高句丽可能会大举南下。倭国依赖朝鲜半岛南部出产的铁，对倭国而言，高句丽南下难免让人联想起4世纪末的惨痛记忆，因此很有必要阻止高句丽南下，确保能从百济、加耶获得稳定的铁的供给。然而百济实在无力，为了让局势向有利于倭国的一方发展，武必须让刘宋承认自己在朝鲜半岛南部七国的军事权，进而做好与高句丽对决的准备。换言之，478年的遣使既是为了获得册封，也是为了让刘宋认可倭国与高句丽开战。

高句丽征讨计划的真伪

与高句丽的对决是上表文的一大主题。文章中还强调这并不只是武面临的问题，而且是贯穿五王时代的外交任务。

上表文中提到了从济的时代开始的高句丽征讨计划，然而，这一计划到底是否存在呢？在上表文以前的时代，倭国并没有进行过针对高句丽的军事行动，武最

第3章　倭王武的目标

终也没有执行这一计划。在倭五王时代里，倭国与高句丽之间并没有过发生战争。针对这一问题，学界分成了认同计划（铃木英夫）与怀疑计划（熊谷公男）两派意见。然而，问题的关键应该是倭国有没有要执行计划的意愿。

我们还是要关注上表文的内容。上表文提到征讨高句丽的计划是在济的时代开始的，那么我们不妨回顾济在位的时候倭国与高句丽的动向。

长寿王即位以后的时代里，高句丽与百济发生直接冲突的记录并不多。可以确认的军事冲突是454年、468年高句丽攻打新罗与469年百济攻打高句丽。前者的起因是高句丽针对新罗独立动向的反制，后者则是百济作为同盟国向新罗发出的救援。

上文提到，百济向北魏呈上的文书中陈述了高句丽南下攻打百济一事，然而史料中却找不到能确认此事的记录。当然，我们并不能因为没有留下记录就断言高句丽与百济之间没有发生战争。然而这是百济给北魏的上表文，其目的是指出高句丽的暴虐行为，希望北魏能出兵援助，因此百济一方很有可能夸大了事实。

武在上表文中提到，由于高句丽的行为，济"实忿寇仇，壅塞天路"（对高句丽堵塞通往刘宋的道路感到愤怒），因而制订了攻打高句丽的计划。然而，并没有

倭五王：日本的王位继承与五世纪的东亚

任何证据表明，在我们推定为济在位的443～462年，高句丽发动过阻止倭国遣使的军事行动。反而在475年，也就是百济的汉城沦陷后不久，能与这句话对应的事件发生了：

> 三月，遣使朝宋，高句丽塞路，不达而还。（《三国史记》文周王二年）

这是《三国史记》的记录，说的是百济文周王在476年向刘宋遣使陈述本国形势之险恶，但由于高句丽的阻碍而不得不放弃。这次遣使或许与倭国也有关系。

次年（477），百济王族昆支被任命为内臣佐平这一重要职位，他此前一直滞留在倭国。昆支能够回到百济自然与倭国有关。我们不知道他回国的确切时间，但无疑是在475年以后，因为在那一年汉城陷落，重要的百济王族都遭到了处决。

倭国使者在477年能够抵达刘宋，这说明他们得到了百济的帮助并摆脱了高句丽的阻挠。476年百济遣使失败，而在第二年倭国遣使却获得了成功，这说明倭国在此期间又在帮助百济复兴。

由此我们可以确认高句丽在476年阻碍了他国的外交事务。反之，倭国在济的时代于443年、451年、460年

第3章　倭王武的目标

三次朝贡，其间并没有遭到阻碍。因此，我们可以认为，武为了让刘宋承认他对高句丽实施的军事行动，把高句丽在476年的行为投射到过去，因此才有了上表文中关于济的记载。

篡改过去与自我立场正当化

通过歪曲过去发生的事件来将现在的做法正当化，这么做的并非只有倭国。

本书的序章中提到，高句丽曾在广开土王碑中叙述百济、新罗本来是高句丽的属国，这件事就是虚构的。本章的开头部分还提到了另一个例子，即百济在呈给北魏的国书中说高句丽杀害了北魏派往百济的外交使节，并借此声讨高句丽。然而，这件事情真实发生的可能性并不大。

看来，为了让自己的做法看起来是不得已而为之，各国都曾按照自己的意愿篡改过去。

由此看来，我们不得不怀疑讨伐高句丽是否真的是济的政策。然而要说倭国从来没考虑过对高句丽采取军事行动的话，那似乎并非事实。

高句丽自468年以来与新罗、百济对抗，百济的盟友倭国也感到了强烈的危机感。可以想象，高句丽的南下将

倭五王：日本的王位继承与五世纪的东亚

会侵犯倭国关于铁的权益。高句丽的南下在济的时代应该也是迫在眉睫的政治难题。

然而，兴却没有获得"使持节、都督……六国诸军事"的头衔。这就意味着他无法拥有反高句丽联盟的主导权。我们不知道兴为何没有对诸军事号提出要求，可能是因为兴通过政变即位，他的权力基础较为脆弱。另外，倭国时隔15年后在477年遣使，无疑与百济的衰落有关。反过来看，武在第一次遣使时要求获得的官爵正好反映了讨伐高句丽成了倭国当前的现实政治任务。

上表文的文化水平

武的上表文反映的并不只是当时东亚各国的外交关系，还有其文化水平。

4世纪到6世纪是中国的魏晋南北朝时期，其中南朝的文学尤为发达，被称作六朝文学。当时的文学并不只是一种独立的文艺，而且与政治有着紧密的联系。这是由于按照当时的惯例，负责文学创作的知识分子能够担任官僚，步入仕途。反之，文章写得是否出彩也是评判官僚的一大标准。

当时的文章被称作骈俪文，是一种以四字句或六字句两两相对，使用对偶的手法以追求美感的文体，这种文体又被称作美文（福井佳夫）。能否写出优美的文章是当时评价中国知识分子的标准。

外交文书也是一样的。把外交文书尽可能写成优美的文章是周边国家向中国宣传本国文明优于其他国家的重要机会。各国在书写呈给中国的外交文书时，为了能胜过其他国家可谓使尽了浑身解数。从某种意义上说，上表文也是各国竞争的一个"战场"。

武的上表文的主体是四字的对仗句，文章在当时也算得上是优秀的文学作品，甚至被认为与中国人写的文章相比也毫不逊色。

而且上表文不只是形式工整，其内容也多有出典。优秀的文化人一眼就能看出文章中引经据典的部分。文章的作者必然对古典作品相当熟悉，其文字功力也能够驾驭这些内容。

当然，文章中并不会指出具体的典故，文章创作的原则是作者与读者都能理解典故在古典作品中的出处，能够做到这一点的国家会被认可为"文明国家"。

出色的文书

上表文是以丰富的中国古典知识为基础写就的。下面我将列举至今为止已被发现的用典及化用的例子。

倭五王： 日本的王位继承与五世纪的东亚

"躬擐甲胄，跋涉山川"这一句出自儒家经典五经之一的《春秋左传》，原句是成公十三年条的"躬擐甲胄，跋履山川"，两句的文字几乎一致。《春秋左传》中襄公二十八年条还有"跋涉山川"这句话，可见上表文的句子是两者融合而成。

之后的一句"不遑宁处"则出自五经之一的《诗经·国风》。"掠抄边隶，虔刘不已"来源于《春秋左传》成公十三年条，原文是"虔刘我边陲"，上表文中为了保持句子的工整而有所调整，但其用字基本相似。除此以外，上表文中还出现了众多来源于古典文学的词语（志水正司、田中史生）。

上表文的作者参考的并不仅仅是古典文学，还包括许多时代相近的文人的作品。比如东晋桓冲所写的上表文中就有"臣虽凡庸……请率所统"，与武的上表文中"臣虽下愚……驱率所统"的格式基本一样。

武的上表文中还出现了诸如"偏远""寇仇"等桓冲上表文中用过的词语。另外《后汉书·朱浮传》中有"六国之时，其执各盛，廓土数千里，胜兵将百万"，其中出现了"廓土"和"百万"两个词。上表文中"廓土遐畿""控弦百万"两句或许正是受其影响。

上表文中出现古典作品的句子可能并不都是直接从古典引用的。有一部分可能参考了时代相近的文章，这些文章之中引用了古典中的词句，武的上表文在引用这些句子时间接引用了古典，于是看起来就像是直接引用一样。无论如何，上表文的写作无疑体现了对古典词句的驾驭。

执笔者与制度维持

既然上表文体现了高级的作文技术，那么5世纪的倭国就必然存在能够写出优秀文章的人物，这在古坟时代的倭国有可能吗？实际上，由于文章写得实在太好，从古代以来就有人质疑它是否真的出自倭国。

甚至有人猜测，上表文可能是《宋书》的编者沈约在编写《倭国传》的时候自己写上去的（久米邦武）。然而又有人反驳说，倭国在当时被蔑称为东夷，是外族，沈约没有理由专门修改倭国的外交文书并记载在史书上。

其实，倭国里确实存在能够写出此种上表文的人物，那就是被任命为府官的渡来人。当时倭五王的麾下有担任府官的中国移民，他们并不会因为住在倭国就忘记了中国的学问与知识。正是府官们动用了他们所有的知识，为倭国撰写了外交文书。对他们而言，中国的学问正是能帮助他们维持地位的武器。那么，他们的知识是如何维持的呢？

倭五王：日本的王位继承与五世纪的东亚

首先是代代相传的古典相关的知识，其主要的传承方法应该就是学习书籍了。然而，他们自 4 世纪以来就流亡到了朝鲜半岛，在此期间是如何带着书籍迁徙的呢？可以推测，他们学习的方法不只是书籍，还要依靠口头背诵来记忆知识，以此进行学问的传承。

其次，府官多次作为外交使节前往刘宋，在此期间他们能够接触到中原王朝的古典作品，停留期间也能对学术知识进行重新确认。另外，他们可能获得经典书籍并带回了倭国。并非只有遣唐使把文物带回了日本。

再者，他们获得知识的机会也并不限于阅读古典作品。从中原王朝获得的同时代的文章，还有刘宋授予倭国的国书本身，对府官们而言都是宝贵的文章范例。

比如说，兴获得的国书的开头就有"奕世载忠，作藩外海"，而武的上表文中则有"封国偏远，作藩于外"。"作藩外海"与"作藩于外"两句相当相似，我们不应该认为两者只是偶然一致而已。应该说，刘宋国书本身就是上表文的参考，上表文的语句是从国书调整而成的。

这么看来，府官们有可能利用手中的资料撰写了上表文。遗憾的是，我们并不知道 5 世纪的倭国到底拥有多少五经等中国古典书籍。《宋书·倭国传》只引用了武的上表文，这篇上表文文章出色，虽然篇幅较长，但仍然被全篇引用。这是府官们努力工作的结晶,并非后世修改的结果。

此外,从上表文中也能看出武的时代的政治体制。

当时的外交惯例是各国通过外交文书表达本国的主张,在赞的时代里,曹达等人的做法也是如此。后来的府官们把倭王权的意图写在外交文书里,前往中原王朝进行相应的交涉。武的上表文的文化水平之高,说明府官这一团体在外交事务中扮演了重要的角色。这说明府官制度要么从赞的时代以来就一直在外交层面上持续运作,要么受到了进一步调整,发挥了制度性的作用。换句话说,上表文说明了与刘宋的外交在武的时代的倭国制度中也是必要的。

东亚的文化同质性

武的上表文体现了高度的文化水平。当时拥有这种文化水平的其实并非只有倭国,高句丽与百济也是一样。

具体的例子能在《南齐书·百济传》找到,即百济在495年向南齐呈上的外交文书。下文将引用该文章并加以分析。

【一】臣自昔受封,世被朝荣,忝荷节钺,克攘

倭五王：日本的王位继承与五世纪的东亚

列辟。往姐瑾等并蒙光除，臣庶咸泰。

【二】去庚午年，狁狁弗悛，举兵深逼。

【三】臣遣沙法名等领军逆讨，宵袭霆击，匈梨张惶，崩若海荡。乘奔追斩，僵尸丹野。

【四】今假沙法名行征虏将军、迈罗王（中略）伏愿天恩特愍听除。

"列辟"出自《逸周书》（西周天子的言行录，一般认为创作于春秋战国时代）。"狁狁"是犬戎的别名，是西周时期的少数民族，也是致使西周衰落的原因之一，百济的上表文用古代的少数民族指代北魏。"匈梨"是汉代的少数民族匈奴，与狁狁一样，都是用来指代北魏的蔑称。"丹野"一词在《后汉书》及《魏略》（成书早于《魏志》的曹魏历史书）都有出现，意思是鲜血染红大地。这些都是百济外交文书中使用中国书籍里的典故的例子。

武的上表文中较多使用五经中的语句，而这篇495年的百济外交文书则更多参考了史书。两者在使用中国典籍中的语句来写作这一点上是共通的。两国都希望以此来证明本国对中华文明的尊崇。

两篇文章里都出现了"自昔"这一词语，这说明了中国的学术是东亚知识的标准。这一点作为政治上的价值观受到了各国的一致认可，因此，两国的外交文书里才出现了同样的用法。

外交文书相似性的意义

倭国与百济两国外交文书的相似性并不仅仅体现在语句上。我们在上文中把武的上表文分成了四个段落，其中第一段强调倭国与南朝在历史上的关系，第二段说明了外交事件发生的经过，第三段叙述解决事件的方法，第四段请求获得官爵的册封。

百济的外交文书也表现出同样的结构。上文引用的文章中也标记了数字，其构成与倭国的上表文完全一致。也就是说，倭国与百济在外交文书的文章脉络上也表现出高度的相似性。

这种相似性显示出，倭国与百济以同样的程度享受着中华文明，而且创作文章的人出自同一阶层。在倭国，写作外交文书的是由中国渡来人组成的府官阶层，而府官在百济也无疑参与了外交文书的创作之中。两者都是中国人或其后裔，而且由于出身相同，两者之间或许还存在某种联系。我猜测，倭国与百济的府官阶层通过外交活动建立了联系，彼此之间定期交流文化知识，由此达到文化的同频。

倭五王： 日本的王位继承与五世纪的东亚

高句丽与倭国和百济处于敌对关系，因此无法认为彼此之间存在外交知识的交流。然而高句丽攻占了乐浪、带方两郡，而且自古以来收留了不少流亡至此的知识分子，因此高句丽对中华文明的吸收应该领先于倭国、百济。

成书于7世纪的史书《周书》记载高句丽"书籍有《五经》《三史》《三国志》《晋阳秋》"。其中最值得注意的是《晋阳秋》。这是一本记载晋朝（265~420）历史的书，作者是东晋的孙盛。孙盛在写作这部史书时受到了不少政治压力，因此把书籍送给了前燕的皇帝。至于高句丽如何获得该书，应该要么是通过外交活动从前燕获得，要么是在前燕亡国时其高层逃亡高句丽，从而流入。由此可见，高句丽拥有独自接触中华文明，从而获得书籍的能力。

由此看来，倭王武的上表文绝非超越当时文化水平的作品。当时中华文明在整个东亚广泛传播，各国在政治上协调、竞争的过程中都要使用中华的文化知识，武的上表文正是由此产生的文化结晶。

然而值得注意的是，各国说到底也不过是在外交场合中使用中华文化，在国内政治中并不会用到。从这个角度说，中华文化知识的应用其实仅限于对外活动中。

3. 倭国的实情
——上表文显示的权力结构

爆发战争了吗——考古学上的疑问

武的上表文并非如实记载事实，而是根据政治目的进行了修改。另外，文章的行文使用了古典文言文。在文章之中，有一段相当有趣的文字，体现了当时倭国的历史认知：

> 东征毛人五十五国，西服众夷六十六国，渡平海北九十五国。

这句话说的是武的祖先东征西讨，征服了本来不从属倭王权的夷狄。这可以说是提到大和政权统一日本列岛过程的最早的史料。

说起大和政权的扩张，就不得不提《古事记》和《日本书纪》记载的第1代神武天皇开启的东征，以及第10代崇神天皇为了征服四方而派遣了四道将军的传说，此外还有日本武尊平定了不服从天皇的东国的虾夷和九州的熊袭的故事。日本武尊的传说与上表文所说之事非常相似，这应该是大多数学者认可的。

然而，这句话却包含了一个大问题。近年来，学界围绕以大和政权为中心的日本诸势力统合的过程产生了争论。那是因为从考古学分析来看，并没有证据表明日本列岛在古坟时代经历了大规模的战争（下垣仁志）。

从考古学上判断是否发生战争的依据是考察是否出现了防御性聚落、武器、受伤致死的人骨、武器陪葬品、武器形状的祭品、战士或战争场面造型的物品等。我们发现了弥生时代的高地聚落与有箭头刺伤的人骨等大量战争痕迹，却找不到属于古坟时代的这类遗迹与遗物。这一事实让我们对上表文中的这句话产生了极大的疑问：到底真的是武和他的祖先东征西讨并统一了日本列岛吗？

在这一问题上，我们必须尊重考古学的事实，也就是说有必要重新审视上表文的内容。上文已经用了许多篇幅说明上表文采用了中国古典文学中的典故，既然如此，那我们是否可以从这一角度解释这句话呢？

"东征"和"西服"所表达的意义

从这一角度浏览中国的古籍，就能找到一些有趣的文章。《晋书·乞伏乾归传》就是其中之一。

第3章 倭王武的目标

> 瞿瑶奋剑谏曰:"吾王以神武之姿,开基陇右,东征西讨,靡不席卷,威震秦梁,声光巴汉。"

这句话说的是西秦王乞伏乾归为了建立国家而东奔西走、在各处征战的事情。西秦是鲜卑人建立的国家。

另外一则值得关注的文献是《晋书·阳骛传》:

> (慕容)皝即王位,(阳骛)迁左长史。东西征伐,参谋帷幄。

这句话说的是前燕慕容皝即位为王以后,他的手下阳骛作为左长史为他征伐东西两方的敌人。

由此可见,当时的文章在表现与周围的敌人交战的时候,往往会使用向东西两个方向奔走的表现手法。向东如何向西如何,这种说法在当时的文章中处处可见。

既然如此,我们也可以把武的上表文中的"东征""西服"理解为按照文章规范而采用的表现手法。武在这里强调的是倭王权为了刘宋皇帝攻打东西两方面的敌人,让边境的人也认识到刘宋的国威。上表文的后半部分提到要讨伐高句丽,而且为此需要获得开府仪同三司的任命,而"东征""西服"这两句话正是为了正当化这两件事情。

倭五王：日本的王位继承与五世纪的东亚

习惯用语产生的"记忆篡改"

简而言之,"东征""西服"是当时文章的习惯用语。既然考古研究并未发现古坟时代爆发战争的痕迹,那我们就不应该将其理解为历史事实。上表文只是把一件可能在过去发生的事情写成了外交辞令,却在后来被当成了倭国历史的一部分。

再之后,这段话又进一步演变为倭王权为了统一日本列岛而进行的武力征服的历史。在上表文中,倭王权为了刘宋皇帝而东征西讨,但在武以后倭国与中国的外交关系断绝,刘宋皇帝在倭国政治中不复存在,因此在倭国的意识中这段历史就变成倭王权为了自己而东征西讨。为了把这件事变得合理,人们又添枝加叶,传说由此形成。日本武尊的故事大概就是这样产生的。

过去的学界认为,在日本列岛上首先发生了武力征服的事实,之后才分别转化为上表文以及《古事记》和《日本书纪》中的记载。然而真实的情况可能与此相反,是上表文中的中国式表现手法经过加工变成传说,进而成为历史记载的一部分。也就是说,日本的历史里出现了记忆的篡改。

武的上表文无疑是了解当时形势的不可多得的史料。

然而，上表文的写作目的本来就不是要记载正确的历史事实。这一点是我们需要注意的。

武的权力的实情

武的上表文的目的应该是文章末尾提到的"窃自假开府仪同三司，其余咸各假授"。然而这句话也有一个问题，那就是"其余咸各假授"中的"其余"两个字。"其余"可以指武请求获得的其他官爵（使持节、都督倭百济新罗任那加罗秦韩慕韩七国诸军事、安东大将军、倭国王），也可以指他为倭国的王族、豪族请求的将军号。学界在这个问题上存在不同的意见。

上表文特别强调的一点是希望刘宋承认开府仪同三司这一头衔，而把其他的官爵省略为"其余"。在这里需要注意的是"咸各"二字，这两个字是否能理解为只针对武一个人呢？如果我们认为，武给自己假授了使持节、都督倭百济新罗任那加罗秦韩慕韩七国诸军事、安东大将军、倭国王这些官爵，并把它们省略为"咸"，那么"各"这个字就显得多余了。

如果我们认为"其余咸各假授"这句话把王族、豪族也包括在内的话，那"各"这个字就容易解释了。即"咸各"就是指开府仪同三司以外的其他官爵以及给王族、豪族的假授。

那么，为什么文章中单独强调对武的假授呢？这就涉及对武的权力的评价。上文提到，有一种说法为，在武的时候，倭国王已经拥有巨大的权力，以至于开始在外交上与刘宋保持距离。然而按照我们的分析，武在对王族、豪族进行统治的时候依然需要经过假授中国官爵与请求正式承认这一过程，也就是说武的权力依然要依托于刘宋，尚未达到至高无上的程度。因此，两种解释存在矛盾之处。到底478年遣使是否有通过刘宋的权威让王获得统治日本列岛正当性这一作用呢？这是一个有关权力来源的问题。

然而，从当时倭国的权力结构来看，我们很难认为武仅仅为自己请求了官爵。例如6世纪初就爆发了筑紫君磐井对抗大和政权的事件，类似的例子说明，当时的豪族绝非完全臣服于大和政权，武的权力也远达不到专制的水平。武在向刘宋请求官爵的时候，如果不同时为王族、豪族请求的话，大概是无法获得他们的支持的。

上表文的意图

上表文的主要目的是向刘宋报告武的即位并请求获得册封，此外还希望刘宋承认武对麾下实力人物的假授，借

第 3 章 倭王武的目标

此巩固武自身的权力。在这一点上，武的遣使与此前的倭国王并无区别。比起之前的倭国王，武请求获得更高的官爵，并以百济的困境作为提出请求的理由。

当然，阻止高句丽南下是倭国为了维护自身在朝鲜半岛的利益而不得不进行的外交任务。与高句丽正面对抗的百济在当时已经衰落，无法像过去一样承担重任。在这种形势之下，要与高句丽对决，就不得不让倭国担任反高句丽联盟盟主的地位。

武正是在这样的国际背景下在 478 年做出了请求官爵的举动，因此他需要获得能够匹敌甚至凌驾高句丽的官爵。此外，他还需要把将军号授予麾下的王族与豪族，以此来巩固王的地位，并在讨伐高句丽时获得他们的支持。

上表文的内容透露出倭国当时的外交课题与权力结构，这两者其实从赞以来一直没有明显的改变。由此看来，武并没有超越倭国王这一地位。他的权力依然构筑在中国册封这一框架之中，这也是他权力的界限所在。

第 4 章

倭五王到底是谁

——比对的历史与《古事记》
和《日本书纪》的束缚

我在前面的三章以倭五王为主轴叙述了 5 世纪的东亚历史发展。在本章，我将讨论前文一直没有提到的最大的论题：中国史料《宋书》的本纪与《倭国传》中出现的五位倭国王，到底是日本史料（尤其是《古事记》和《日本书纪》）中的哪几位天皇？

这一问题如此之重要，说它是倭五王研究的起点也并不为过。在本章，我将重新审视以下两个问题：过去的学者是如何认为倭五王的人物形象的？今天的我们又应该如何看待他们？

五王应该对应《古事记》和《日本书纪》中的哪些

第4章 倭五王到底是谁

天皇？下文简单列举过去的各种说法。

赞是第 15 代应神天皇、第 16 代仁德天皇或第 17 代履中天皇，珍是第 18 代反正天皇，济是第 19 代允恭天皇，兴是第 20 代安康天皇，武是第 21 代雄略天皇。由此可见，除了赞以外，其他几位倭国王的身份都相当确定。然而，这里却存在一个巨大的陷阱。

表 4-1 对比了《宋书·倭国传》中记载的倭五王与《古事记》和《日本书纪》记载的天皇在位时间。

表 4-1 《宋书》与《古事记》和《日本书纪》的对比

公元纪年	《宋书》	《日本书纪》	《古事记》
412	赞	允恭	仁德去世 履中去世 反正去世
421			
425			
427			
432			
437			
438	珍		
443	济		允恭去世
451			
453			
454		安康	
456			
457		雄略	
462	兴		

倭五王：日本的王位继承与五世纪的东亚

续表

公元纪年	《宋书》	《日本书纪》	《古事记》
478	武	雄略	
479			
480		清宁	
484			
485		显宗	
487			
488		仁贤	雄略去世
489			
498			
499		武烈	
502			

　　《宋书·倭国传》记载的是倭国向刘宋遣使的时间，《日本书纪》记载的是在位时间，《古事记》没有记载在位时间，只记载了去世的时间（即崩年干支），表中把时间换算成了公元纪年。需要注意的是，有的天皇的去世时间并没有留下记录。不难看出，不仅《宋书》与日本史料记载的时间有出入，连《日本书纪》与《古事记》之间都有年代不符的地方。

　　在不同史料间年代出现差异的情况下，前人是如何论证他们对倭五王的比对的呢？下文将首先梳理他们的理论。

第4章 倭五王到底是谁

1. 五王与天皇——始于室町时代的比对经过

最初的比对——室町时代瑞溪周凤的尝试

日本人自古就知道中国的历史书中有关于日本的记载。

比如说《日本书纪》神功皇后摄政六十六年的条目中就有"是年，晋武帝泰初二年。晋《起居注》云：'武帝泰初二年十月，倭女王遣重译贡献'"的记载。泰初二年即西晋泰始二年（266），一般认为倭女王指的是台与。《日本书纪》这里的内容有意把神功皇后的传说与中国史料中的台与加以对比、结合。我们先不考虑这一则内容是否可信，但它的确是最早提到中国史书的日本史料。

针对中国史料中记载的日本，首次进行认真研究则是在室町时代。禅僧瑞溪周凤（1391～1473）的著作《善邻国宝记》中引用了中国正史中提及倭王向南朝派遣外交使节的内容。该书认为向东晋遣使发生于履中天皇与反正天皇在位期间，而赞则对应允恭天皇。这是最早讨论倭五王应该对应哪些天皇的著作。

倭五王：日本的王位继承与五世纪的东亚

瑞溪周凤比对的方法是简单地将《日本书纪》中的纪年与中国年号加以对应。具体的方法如下。

《日本书纪》在每代天皇元年记事的末尾都记载着"太岁"。太岁是一颗假想中的星球，其运行方向与木星相反，人们以太岁所在的位置确定当年的干支。干支每60年循环一次，也就是相隔60年的两个年份干支是一样的。比如允恭天皇元年的太岁是壬子年，以此换算为中国的年号就是义熙八年。通过这种方法我们就可以把《日本书纪》的纪年与中国的年代进行对照。另外，允恭天皇元年的壬子年换算为公元纪年则是412年。

瑞溪周凤直接把中国史书记载的年代与《日本书纪》的年代加以对比，以五王遣使的年代来将他们与天皇进行对应。如果中国史书与《日本书纪》的年代都是正确的话，这么做自然是没有问题的。然而事实上在编撰《日本书纪》的时候年代上被做了手脚，因此两则史料的年代之间存在偏差。瑞溪周凤的比对方法并不准确。

由此可见，瑞溪周凤的比较方法过于简单，只能说是一次不成熟的早期尝试。然而，这也是第一次将不同的史料进行对比，我们不应忽略其在研究史上的意义。

值得注意的是，《善邻国宝记》中有关倭五王事迹的部分并非来自《宋书》，而是来自《南史》。为什么他要引用《南史》呢？

第 4 章 倭五王到底是谁

《南史》是唐朝史家李延寿在 659 年前后完成的史书。之所以要创作这部史书,是因为南北朝的中国处于分裂状态,每一个王朝的寿命都相对较短。比如说在刘宋以后登场的南齐建国于 479 年,之后在 502 年灭亡,仅仅延续了 24 年。

因此,李延寿就将南北朝时期的南朝,也就是在江南建国的宋、齐、梁、陈四个王朝的历史写成一部史书,将《宋书》一类的断代史重新加以编辑,写成了跨越四朝的《南史》。唐朝统治者在 659 年认可《南史》为正史。李延寿还编撰了北朝的史书《北史》。

对于当时的人而言,《南史》与《北史》是两本相当方便的史书,因此在研究南北朝时期的时候学者们都喜欢读这两本书。这一倾向同样蔓延到日本,所以瑞溪周凤参考的不是《宋书》而是《南史》。在不同的年代,人们对史料的看法也有所不同,这是我们应当注意的。

不过,《南史·倭国传》只是把《宋书·倭国传》等史料进行了二次编辑,里面并没有新的内容,因此现代研究只重视《宋书》,基本上不会提及《南史》。

比对研究的深入——松下见林

到了江户时代,针对倭五王的研究有了更大的进展。

倭五王：日本的王位继承与五世纪的东亚

江户时代是一个各种学问都快速发展的时代，而历史学的研究则明确了广泛收集历史材料，并对之进行合理解释的研究方法。也有一些学者选择对具体史料的性质进行评价，并以此刻画历史的面貌。江户时代具有代表性的历史学家有松下见林、新井白石、本居宣长。

松下见林（1637～1703）是一位身兼医生与国学者的知识分子。现代人可能对他比较陌生，他的著作中有一部《异称日本传》，是一本网罗了中国、朝鲜史料中有关日本的记载的历史著作。松下见林在讨论倭五王的时候，与瑞溪周凤一样首先以年代将倭五王与天皇进行了对比，但是在此之后他更进一步，用人物的名字进行了比对。

松下见林认为，赞这个名字出自履中天皇的本名去来穗别（罗马音为 Izahowake），是其读音的省略；珍则来自反正天皇的本名瑞齿别中的"瑞"字，"珍"是"瑞"的讹误；济来自允恭天皇的本名雄朝津间稚子，"济"是"津"的讹误；兴是安康天皇本名穴穗的讹误；武是雄略天皇本名大泊濑幼武的省略。松下见林的解释影响深远，是现代定论的原型。

然而，松下见林的解释存在一个大问题。他比对的方法是将五王的一字名解释为汉字的讹误或名字的省略，也就是说混杂了两种方法。这种方法未免有点牵强附会。

第4章 倭五王到底是谁

其次，松下见林指出的几个汉字讹误的例子如果成立的话，那就意味着5世纪时使用的汉字与《日本书纪》标记的名字相同。然而且不说5世纪时采用的是哪些字，单说成书时间相近的《日本书纪》与《古事记》，里面天皇的名字就采用了不同的汉字。

比如说，松下见林认为珍来自反正天皇名字的讹误。《日本书纪》中反正天皇的名字确实是瑞齿别，松下见林认为"瑞""珍"字形接近，因此将二人加以比对。然而《古事记》中反正天皇的名字却是"水齿别"，里面并没有使用"瑞"这个字，这就不能说"珍"是其名字的讹误。

近年的研究显示，在对比《古事记》与《日本书纪》时，不能认为《古事记》的全部内容都比《日本书纪》更加古老。然而单论用字的话，《古事记》无疑残留了更多7世纪以前的古老用法。

比如说九州北部的地名Tsukushi，《日本书纪》将其一律记为"筑紫"，而《古事记》中却出现了"竺紫"这种写法。"竺紫"就是一种比"筑紫"更古老的写法，但这其实也是7世纪的写法，我们不能认为5世纪时也是用了"竺紫"这两个字。如果我们要用汉字字形来推论倭五王的身份，当然就必须使用当时的用字进行比较。

倭五王：日本的王位继承与五世纪的东亚

如果要用反正天皇名字的汉字写法来与倭五王进行比对，那我们既不能用《日本书纪》的"瑞齿别"，也不能用《古事记》的"水齿别"，而必须知道5世纪的人用了哪些汉字来表示Mizuhawake这一名字。然而想要知道这一点，在找到更多5世纪的史料之前是不可能的。由此可见，以汉字字形为基础进行人名比对是一件相当困难的事情。

新井白石与本居宣长的成就与局限

与松下见林相比，新井白石（1657～1725）采用了更合理的解释，从而进一步改进了比对方法。他排除了汉字讹误的判断方法，用五王名字的读音统一解释他们的一字名。

历史研究的方法论在当时尚未确立，历史学家往往喜欢按照自己的喜好随意解释史料，而新井白石排除了这一做法，因此我们应该对他进行高度评价。这种理性的研究方法同样存在于新井白石的其他著作，可以说他在日本史学界有着极为重要的地位。

然而，即便新井白石对学术研究做出了巨大贡献，我们依然不能认为他对倭五王的解释就一定是正确的。

新井白石重新解释了松下见林归纳为字形讹误的珍、

济、兴。他认为"珍"就是"瑞";"济"的读音为"Tsuu",与"津"一致;"兴"的读音为"Hon",与"穗"一致。他的解释依然显得牵强。

新井白石的说法都以汉字读音为标准,这确实是一个进步,然而他却回避了音读与训读混用的问题。如果说赞是来自"Za"这个发音的话,那这里采用的是音读,但武的日语发音"Takeru"使用的是训读,可见他的解释混用了音读与训读,依然没有做到前后连贯。在赞身上使用音读,在武身上使用训读的这种人名比对的方式自然免不了受到随意解释的批评。从这个角度来看,新井白石的解读也是有局限的。

本居宣长(1730~1801)则使用了批判史料的方法,为倭五王研究做出了贡献。

本居宣长的研究着重于追溯日本古代的思想,他认为《古事记》才是最值得研究的史料。他以《古事记》为参照,对其他史料进行了严格的评价。在他看来,中国的史料混杂了中国人的中华思想,含有过多的主观性。

尤其是针对倭五王的记载,本居宣长认为,当时的天皇不可能对中国皇帝行人臣之礼,倭五王朝贡的记录其实是吉备等地的地方豪族与中国进行外交活动时留下的记载。

本居宣长过分重视《古事记》,认为其他史料统统不足为信,由此可见,他是一个具有双重标准的日本学者。然而,他在否定史料价值的时候往往会谈及史料的性质,以及由此产生的种种问题,这是他的研究里有意义的地方。他并不是囫囵吞枣地全盘接受史料的内容,而是先思考史书作者的立场。这种方法论直到现在还是史学的通用做法。

近代研究的成果与停滞——西方人的观点

近代以来,不少学者延续了江户时代的研究成果,同时还有人从新的角度进行了研究,但这么做的人并不是日本人。

明治时代,英国外交官威廉·乔治·阿斯顿(William George Aston,1841~1911)围绕倭五王问题提出了两点见解。

其一,《古事记》和《日本书纪》记载的天皇的名字其实是他们的谥号,即天皇死后人们对他们的评价,而赞、珍、济、兴、武则是他们在世时的本名,两者不一致是理所当然的。

其二,他关注《宋书·倭国传》记载的倭五王的继承关系,提出应该通过对比天皇与倭五王的谱系来推论两者的对应关系。其中,《宋书·倭国传》记载珍是赞的弟

第 4 章　倭五王到底是谁

弟，兴与武是兄弟且都是济的儿子，与之对应的则是《日本书纪》中，履中天皇、反正天皇、允恭天皇是三兄弟，安康天皇、雄略天皇则都是允恭天皇的儿子。

阿斯顿的比对方法是当时的日本人从未想过的。日本人习惯以《古事记》和《日本书纪》为中心思考历史，比如说《日本书纪》中雄略天皇的名字里有"幼武"两个字，于是就认为他与《宋书·倭国传》中的"武"是同一个人。把中国史料与日本史料放在同等地位并进行研究是当时的日本人所不能想象的。反过来说，正因为阿斯顿是英国人，他的思想没有被限制在《古事记》和《日本书纪》之中，才能从这种角度思考问题。

虽然阿斯顿提出了思考问题的新角度与分析方法，但在第二次世界大战以前，倭五王研究基本上比较低调。造成这一现象的原因是，明治时代以来日本人认为天皇是神圣的存在，对天皇的研究被学界视为禁忌，因此研究也就难以进行。

1892 年，东京帝国大学教授久米邦武发表了题为《神道是古代的祭天风俗》的论文，之后遭到国学者的批评，最终不得不辞去职位，是为"久米邦武笔祸事件"。1940 年，早稻田大学教授津田左右吉的著作《〈古事记〉与〈日本书纪〉研究》《神代史研究》也被批评为不敬，不仅被列为禁书，他本人也被迫辞职，是为"津田左右

倭五王： 日本的王位继承与五世纪的东亚

吉事件"。

由此可见，第二次世界大战以前，历史研究者经常遭受政治压力。在这种氛围下，倭五王这一涉及"天皇向中国朝贡"的历史主题自然不会是学者热衷研究的对象。针对倭五王的研究还要等到日本战败以后。

得到解放的古代史研究——"两个王家"论

第二次世界大战以后，日本古代史研究从天皇制度的压力下得到解放。"天孙降临"与"万世一系"这些说法不再是不可挑战的真理，对天皇的各种研究也开始进入公众的视野。

针对古代天皇的研究中，比较广为人知的有江上波夫的"骑马民族征服说"，即认为有一个善于骑马的民族从朝鲜半岛来到了日本列岛，并征服了大和盆地一带，成了后来的天皇家；还有水野祐的"王朝交替说"，即认为3世纪至5世纪之间的日本实际上经历了三个王朝的兴衰。这些说法并没有成为今天的通说，但在发表的当时确实起到了打破战前既有观念的重大作用，也为后来新观点的产生打下了基础。

在这个新观点爆发的时代，关于倭五王的研究出现了一部划时代的作品，那就是藤间生大的《倭五王》（1968

年出版)。藤间生大尝试用严密且合理的方式解释《宋书·倭国传》中的谱系。他关注《宋书》没有记载珍与济的关系这一点,认为两者之间可能不存在血缘关系,或者本来有血缘关系,却被济隐瞒了事实。不难看出,他的这一想法受到了王朝更替说的影响。按照藤间生大的学说,赞与珍属于一系,济、兴、武属于另一系,也就是说当时存在"两个王家",这种说法一直影响到今天的学界。

然而,学界里也有反驳这种说法的声音。从倭五王与刘宋进行外交活动时使用的名字就能看出他们的同族关系。第1章提到,赞的正式名称是"倭赞",这里的"倭"与高句丽王的"高"、百济王的"余"同样,都是姓氏。珍在朝贡时也使用了"倭珍"这一名字。济与武在《宋书》的本纪中分别以"倭济""倭武"的名字出现,也就是说他们都自称倭姓。兴是济与武的近亲,他大概也自称倭兴。由此我们可以推测,倭五王全部以倭为姓,而姓氏一样即意味着他们来自同一个父系家族,这是批判"两个王家"说的论点(吉村武彦)。

根据"两个王家"论,5世纪的倭国王彼此之间并不一定存在血缘关系。现代人很容易认为5世纪的王位继承与后世一样以血统为基础,这一学说提出了一种不一样的可能性,在这一点上具有相当大的意义。

倭五王： 日本的王位继承与五世纪的东亚

反之，倭国王确实都向中国的南朝自称倭姓，藤间生大也把这一点考虑在内，因此并不排除他们有血缘关系的可能。简而言之，"两个王家"论根据赞、珍系统与济、兴、武系统间没有清晰的关系记载，强调两者存在断绝性，但两者之间或许也有血缘关系；反之，相反的论点根据他们都自称倭姓，强调两者的连续性。

倭王权与姓

我认为，在这一问题上我们应该强调两者的断绝性。

在济刚即位，与刘宋进行外交活动时，他可以通过主张自己平稳继承了前任倭国王的王位来确保刘宋承认他的地位。为了让外交工作能够顺利进行，他声称自己与先王一样都是倭姓。因此，济完全有可能并非先王珍的同族，而是倭国的新盟主，只是自称倭姓而已。

我们能在后世的琉球王国找到类似的例子。1406 年，佐敷的按司（首长）思绍灭掉中山王国的国王武宁，并在同年向明遣使朝贡。思绍在朝贡的时候就自称武宁的世子。思绍主张自己与武宁有血缘关系，但事实上并非如此，他这么做的目的是希望明能承认自己的地位。

即便赞、珍系统与济、兴、武系统确实存在血缘关系，我们也没有证据表明珍与济之间的王位继承是平稳过渡的。至少我们难以仅从倭姓这一点判断两个系统在政治上是否属于同一集团。

再者，就算权力转移发生在同姓之间，其政治关系也可能是断绝的。一个极端的例子是中国南朝的齐与梁。南齐的开国皇帝萧道成与下一个王朝梁的开国皇帝萧衍是同族，两人的高祖父同为萧整。南齐宗族在内部斗争中瓦解，萧衍拥立了皇族萧宝融为帝（和帝），之后接受和帝的禅让成了梁朝皇帝。他们两家人虽然都姓萧，但萧衍一族在南齐建国以前就与萧道成一族分离，南齐皇族自然不会认为萧衍一族也享有南齐的天命。

我们很难认为5世纪的倭国能够正确理解中国的天命思想。然而从齐与梁的例子可以看出，即便在中国，是否同族与权力是否平稳继承也是两个不同的概念。在倭国就更是如此了。

以倭为姓

我们不妨从另外一种角度看问题：古代中国在周边国家出现了政变等权力变动的情况时，倾向于采取相对严厉的态度。这是由于中国奉行儒家思想推崇的身份秩序，难以容忍破坏这种秩序的行为。

关于这一点，我们可以举一个7世纪的例子。642

倭五王： 日本的王位继承与五世纪的东亚

年，高句丽贵族泉盖苏文掌握实权并杀害了高句丽的荣留王。当时唐朝朝廷就认为杀害国王是扰乱秩序的行为。唐太宗认为这是一个重大问题，并询问大臣是否应该征讨高句丽。唐太宗皇后的兄长长孙无忌认为泉盖苏文会自取灭亡，因此当时没有出兵。然而在两年后的644年，唐与高句丽就陷入了激烈的战争。

东亚各国的权力变动并不只是国内问题，在某些情况下还可能演变为国际事件。对于济而言，如果能让刘宋承认自己是合法的倭国王，他就能借助刘宋的权威来巩固自身对日本列岛诸豪族的统治。

那么，如果刘宋认为济与先王关系疏远，通过推翻前朝而建立了新的王权的话，会出现怎样的情况？

当时的中国处于南北朝分裂的状态，很难想象刘宋会对倭国进行军事干预，然而刘宋方面完全有可能驳回济的要求，拒绝授予倭国王等官爵。济刚刚当上倭国的新王，权力尚未稳固，很有必要避免出现这种情况。之所以以倭为姓，也是要强调自己是正统国王，而且顺利继承了先王的王位。

话虽如此，济大概并不是为了政治利益而伪称倭姓，他与赞、珍应该确实是同族。其中一个佐证是两者都使用了前方后圆坟这一具有政治意义的标志性建筑。这样看来，赞、珍系统与济系统应该是在数代以前拥有同一祖先的两个王族集团。

在5世纪，人们到底有没有必须是倭姓一族才能担任倭国王这一观念呢？我们很难认为5世纪在日本列岛上居住的人们有姓氏这个概念。比如说稻荷山铁剑上的"乎获居"与江田船山大刀上的"无利弖"都只有名字而无姓氏。当时的日本列岛应该是一个没有姓氏制度的社会。

可以推测，在这么一个社会里之所以出现了倭国王一族的倭姓，主要是受到了与朝鲜半岛各国进行外交的影响。百济等国的王在向中国朝贡的时候受到后者人名的影响，于是为自己取了姓氏。倭国也是模仿了这种做法，于是产生了倭这个姓氏。

当时的日本列岛上还有渡来人这一拥有姓氏的阶层，除此以外最初出现的姓氏就是倭国王一族。从这个角度来看，与其说是倭姓一族当上了倭国王，不如说是当上了倭国王的家族给自己取了倭这一姓氏。

2. 比对的可能性与限制——音韵、字形、谱系的相同性

赞、珍、济、兴、武，比对的现状

上文讨论了倭姓的问题，下面我们回到比对的问

倭五王：日本的王位继承与五世纪的东亚

题上。

中国史书上记载的倭五王到底是《古事记》和《日本书纪》中出现的哪几位天皇？如果分析这一问题，最基本的是前面提到的三种方法。

第一是名字发音、音韵的一致性，第二是汉字字形的一致性，第三是《宋书·倭国传》中记载的继承顺序与《古事记》和《日本书纪》谱系的相似性。学者们通过这三种方法的结合，不断提出新的人物比对关系。随着研究的深入，比对分析的工作也变得更加细致，但随之产生的问题也不少。以下我将整理至今为止学界提出的各种说法。

首先是赞，本章开头部分已经提到，现在学界对于赞的身份并没有一致的看法。从音韵学看就有音读的大鹪鹩（Sazaki，仁德天皇）和训读的誉田（Homuta，应神天皇）两种说法。从谱系上说，赞与下一任倭国王珍是兄弟关系，在《古事记》和《日本书纪》中能够对应的是履中天皇。可见在不同的比对方法之下，赞可以对应完全不同的人物。

关于珍的比对，首先是古代就有人提出的字形比对法，即通过"珍"与"瑞"的相似性比对为瑞齿别（反正天皇）。《梁书》把珍的名字写作"弥"，前田直典认为弥读作"Mi"，也是来自瑞齿别（Mizuhawake）。从谱系

第4章 倭五王到底是谁

上看,珍与赞是兄弟关系,《古事记》和《日本书纪》中能够对应的也是反正天皇。然而,如果珍确实是反正天皇的话,那么赞就只能是履中天皇,而这一点是难以断言的。

关于济,几种方法都指向允恭天皇,然而其论证并不轻松。音韵学上"济"的读音是"Tsuu",与"雄朝津间"的"津"(Tsu)一致,然而这种说法略显牵强。而认为"济"是"津"之讹误的说法也无法让人信服。从谱系分析来看,《宋书·倭国传》中济是兴、武两个倭国王之父,而《古事记》和《日本书纪》中允恭天皇则是安康天皇与雄略天皇的父亲,这么看济与允恭天皇能够对应。这种说法虽然看起来有道理,但这种谱系关系并不罕见,只是一种很常见的关系。而且这一谱系比对能够成立的前提是武确实就是幼武(Wakatakeru),也就是雄略天皇。然而,并没有直接证据表明济是允恭天皇,谱系比对法只能提供情境证据而已。

关于兴,音韵学上穴穗(Anaho,安康天皇)与"兴"相似的说法缺少说服力,谱系上则是通过安康天皇与雄略天皇的兄弟关系比对为安康天皇。同样,这些方法并不能直接证明兴是安康天皇。

关于武,音韵学上的"Wakatakeru"中的"takeru"和《日本书纪》里使用的汉字"幼武"都与"武"能够

倭五王： 日本的王位继承与五世纪的东亚

对应，这是学界认为比较能够确认的比对关系。谱系上，雄略天皇是允恭天皇之子、安康天皇的弟弟，这也能够与武对应。这么看来，从音韵、谱系两种方法来看武都是雄略天皇（Wakatakeru），学界对此没有争议。实际上，学者往往是以武为起点，推断出济与兴分别是允恭天皇和安康天皇。

如上所述，倭五王与古代天皇的比对主要以名字的音韵与谱系关系是否一致作为判断标准。如果两种方法能够得出同一结论，那么我们就能从史料中看出真实的历史，这是最理想的状态。然而令人遗憾的是，倭五王比对的局限并不止于此。

首先认为武就是雄略天皇这一点没有疑问，然后以武为出发点进一步推断他的父亲济、兄长兴分别是雄略天皇的父兄允恭天皇、安康天皇，这种假设看起来似乎没有问题。然而人物名字的音韵却并非一致。学界现在的做法为假设武是雄略天皇这一比对关系可以成立，而假装音韵学的问题并不存在。

围绕赞与珍的研究就更加混乱了。如果从谱系学的角度认为珍是反正天皇的话，那赞就必须是履中天皇，然而人物名字的音韵并不一致。反之，如果追求音韵一致的话，那么又找不到谱系上一致的天皇。正是出于这一原因，自古以来学者都是在音韵与谱系两种方法中按照自己的喜好挑选一种，从而将倭五王与天皇进行比对。这么一来历史研究就显得不够严谨。近年有学者提出，我们对两种方法并用的做法应该采取谨慎的态度。

以音韵进行比对的局限

虽然倭五王的比对研究在论证中存在诸多矛盾，但除去本居宣长这一派完全否定比对的说法以外，学界对赞之外的四位倭国王的身份其实基本上没有争议。因此，他们的比对关系应该基本上没有问题。然而，这其实是一个严重的误解，尤其是使用人物名字进行的类推存在极多疑问。下文将对此逐一解释。

上文已经提到，以字形类似的方法比对珍的身份难以成立。另外，用《梁书》中记载的"弥"字来进行比对也是不对的。《梁书》编撰于629年，其中《倭传》的内容基本上是对成书更早的《宋书·倭国传》加以修改写成。"弥"这一名字其实是"珍"的异体字"珎"的讹误，在《梁书》中又写作"弥"的正体"彌"。因此，"弥"并不表示"Mi"这一发音。因此，从字形、音韵上都没有证据表明珍与反正天皇（Mizuhawake）有关联。

再说济，如果说济与允恭天皇的名字音韵一致的话，那就相当于否认了字形讹误的说法，反之亦然。

倭五王： 日本的王位继承与五世纪的东亚

也就是说音韵说与字形相似说并不互补，反而是互相排斥的关系。还有一种说法为津与济字义相近，但这也是牵强附会的说法。因此，对济进行人名比对是不可行的。

兴的情况也是，单用人名来推断他是安康天皇并不可行。从根本上说，穴穗（Anaho）可能本身就不是人名。《古事记》和《日本书纪》都提到安康天皇的住所是穴穗宫，由此可见，穴穗更可能是一个地名。

我们还能找到类似的例子。比如《日本书纪》安康元年的记录中出现了一位名叫"大泊濑皇子"的王族（《古事记》记作"大长谷王子"），也就是即位以前的雄略天皇。雄略天皇正式的谥号是大泊濑幼武，其中泊濑（Hatsuse）一词来自他居住的泊濑宫，他的本名则是幼武（Wakatakeru）。我们也可以解读为幼武居住在泊濑宫，而人们按照宫殿的名字把他称为大泊濑王。同样，将穴穗皇子的名字解释为居住在穴穗宫的皇子比较合理。简而言之，我们此前认为穴穗是名字，但其实这更可能是居住地的通称，因此就难以与"兴"这一人名关联。当然，我们并不能因此就认为兴不是安康天皇。

因此，《古事记》和《日本书纪》中记载的天皇的名字并不能与珍、济、兴这三个名字形成对应关系。

第 4 章　倭五王到底是谁

武的人名比对的问题

此前一直没有触及武的比对问题，而学界一直认为武的比对是比较可信的。"武"的日语训读就是"Takeru"，因此与雄略天皇的名字"Wakatakeru"一致，这是一目了然的。然而，这里其实存在一个重大的误区。

"Takeru"或"Take"是"武"的训读读法。如果我们认为"武"就是"Takeru"的话，那我们就默认 5 世纪晚期汉字的训读已经在日本列岛社会上确定下来。进一步说，我们必须假设这时候训读的用字已经脱离了语言本身的字义，而使用在人名之中，也就是说训假名的用法已经成立。

那么，日本对汉字的训读到底是在什么时候成立的呢？至今我们发现的最早使用训读的案例是出土于冈田山一号坟的铁剑的铭文，其铸造年代是 6 世纪下半叶（冲森卓也）。通过红外线照射，我们发现了"各田卩"三个字。

在金属与石头上雕刻文字时，人们往往把笔画多的字省略为笔画少的字。一个有名的例子是"汉委奴国王"金印的"委"字就是"倭"字的简略用字。"各田卩"的"各"本字是"额"，"卩"本字是"部"。"部"字只写偏旁是古代常见的写法。因此"各田卩"其实就是

倭五王：日本的王位继承与五世纪的东亚

"额田部"的意思，在日语中读作"Nukatabe"，这是训读最早的例子。

如果我们认为"武"读作"Takeru"的话，那就等于把已知的训读成立年份往前推了 100 年。就算那时候已经有训读，我们也不能确定 5 世纪的人将"武"用作"Takeru"对应的汉字。相反，在古代"Takeru"所对应的更常见的汉字是"建"。古代氏族中有一支叫建部氏，他们一直到奈良时代依然用"建"字代表"Takeru"。"Wakatakeru"在《古事记》中记作"若建"，而由于《古事记》的成书时间更早，因此可以认为"武"是"Takeru"一词在后世才出现的训读用字。也就是说，就算把"Wakatakeru"记为训假名，也不一定要使用"武"这个汉字。

从更根本的角度看，5 世纪倭国的人名到底是如何书写的呢？

我们可以从两把有名的刀剑上的铭文找到答案，那就是稻荷山古坟出土铁剑和江田船山古坟出土大刀。在这两把刀剑的铭文上记载了人物的名字。前者有"获加多支卤"（Wakatakeru）、"乎获

图 4-1 冈田山一号坟铁剑

居"（Owake）、"意富比垝"（Ohohiko）等，后者则有"无利弖"（Murite）、"伊太加"（Itaka）等。

在这些例子中，每个汉字都代表了一个音节，我们把这种标记方法称为假借。在5世纪，把固有的名词分解为音节并写成汉字是常见的做法，身为大王的Wakatakeru也不例外。因此，我们难以认为在那个使用汉字表达音节的时代已经使用"武"作为"Takeru"的训读用字。我们已经习惯了这种训读方式，因此理所当然地认为"武"就是"Wakatakeru"。然而5世纪时训读尚未成立，因此我们不得不针对这一历史状况来重新思考武的比对问题。

如上所述，我们其实并不能通过《宋书·倭国传》中记载的一字名推断出倭五王所对应的天皇。

谱系论的死角——谱系是真实历史吗

那么使用谱系进行比对的方法又是否可行呢？看起来谱系似乎比名字比对更加可靠，然而其实这种方法也存在陷阱。

《宋书·倭国传》中记载的五王的继承关系，除了表达地位的"世子"以外，应该都是刘宋从使者口中得知的。刘宋没有必要在记录里更改五王的继承关系，《宋

倭五王：日本的王位继承与五世纪的东亚

书》中五王的谱系，包括没有明确记载关系的在内，都直接使用了倭国使节的说法。真正值得比较的是《古事记》和《日本书纪》的谱系。

根据《日本书纪》的记载，从第1代神武天皇一直到第41代持统天皇，皇位都是在同一个家族中连续继承的。然而现在的研究认为这不是事实。首先，早期天皇是否真实存在就有很大疑问，另外我们还必须慎重看待5世纪及以前天皇的王统。

比如说第1代神武天皇到第9代开化天皇之间，许多天皇的名字里都有"Yamatoneko"一词。这个词语同样出现在第42代文武天皇的谥号"倭根子丰祖父天皇"（Yamatoneko Toyooojino Sumeramikoto）与第43代元明天皇的谥号"日本根子天津御代丰国成姬天皇"（Yamatoneko Amatsumiyo Toyokuninarihimeno Sumeramikoto）等处。可见"Yamatoneko"是律令国家初期天皇称号中常用的词语。神武天皇至开化天皇之间的天皇使用了同样的称呼，很可能是因为在编撰《古事记》和《日本书纪》的7世纪末、8世纪初的时候把当时常用的词语加进了天皇名字之中。

再者，第10代崇神天皇与第1代神武天皇都拥有"Hatsukuni Shirasu Sumeramikoto"这一称号，其中"Hatsukuni Shirasu"的意思是"最早治理国家"。这个称号同时被神武天皇与崇神天皇拥有，这可能暗示了崇神天皇才是真正的最早的天皇，后人又在他之前添加了从神武天皇到开化天皇的谱系。

那么，崇神天皇之后的谱系又是否反映了真正的历史呢？这其实也是值得质疑的。本书开头部分列出了天皇的谱系，其中从崇神天皇到仁德天皇基本上都是父死子继，唯一的例外是日本武尊。实际上，父死子继要到律令国家成立的时候才成为皇位继承的原则。6、7世纪更普遍的皇位继承方式是同辈间继承，我们很难认为在那以前可以实现连续的直系继承。

既然如此，我们应该如何理解仁德天皇以前的直系继承？对《日本书纪》的批判性研究认为，直系继承是基于《日本书纪》编撰当时的政治观念进行的创作。天皇的谱系确实具有这一特点，然而这一观点并不能够说明所有问题。只强调《日本书纪》编撰者的作伪并不恰当。

在后面的段落里，我希望用一个新的角度分析天皇谱系成立的问题。那就是，在没有文字的社会里，人们是如何记忆王位的传承并将其转化为谱系？

文化人类学的观点——记忆的继承是什么

川田顺造是研究非洲无文字社会的文化人类学家。他

倭五王：日本的王位继承与五世纪的东亚

指出非洲部落首领的继承有一个特点，那就是那些事迹与谱系位置广为人知的首领往往是旁系继承，而那些人们只记得名字和继承顺序的首领则多数是直系继承。

他还指出，那些在谱系上与前任首领属于不同系统的首领在继承地位的时候，也会把他那些没有当过首领的祖先整合进首领的谱系之中。

他的这两个观点对谱系形成过程的研究有着重要的意义。不过，我并非想要把非洲的事例生搬硬套在倭国的王位继承上。重要的问题是，有关王位继承的记忆到底有多准确呢？

在没有文字以及文字尚未普及的社会，王的谱系传承到底有多"正确"呢？当然，在缺少文字的情况下，口头传承应该特别发达，传承的错误也应该相对较少才对。因此，重要的信息应该比较容易继承下来。然而，那些人们认为不重要的事情则会被忘却，又或者会在人们不经意间遭到篡改，王位的传承也不例外。非洲的例子正好说明了这一点。

再回到倭五王的例子。学者比对履中天皇到雄略天皇之间的王位继承并非直系继承，而是兄终弟及。乍看之下，这种继承方式应该比较接近历史真相才对，然而问题并没有那么简单。

第 4 章　倭五王到底是谁

《帝纪》的诞生与"旁系"的处理

《古事记》和《日本书纪》谱系的原型来自 6 世纪中期，钦明大王（本书用大王表示真实存在的大王，与《古事记》和《日本书纪》谱系中的"天皇"加以区别）统治时创作的《帝纪》。

《帝纪》现已失传，但武田祐吉等学者认为，该书罗列了各天皇的名字、父母、子女、后妃、在位年数、宫殿和山陵的所在地。我们可以认为，这些都是《帝纪》成书以前残存在人们记忆中的信息。

在思考这一问题的时候，我们必须注意《帝纪》成书的年代。钦明大王是继体大王的儿子，而继体大王出生于越前（一说为近江），是从外地来到大和继承王位的大王。对于钦明大王而言，最重要的谱系应该是继体大王及其祖先。按照《日本书纪》的记载，第 25 代武烈天皇没有子孙，王统由此断绝，继体天皇作为外来者，在 507 年继承了王位。

那么继体大王又有着怎样的出身呢？能够为此问题提供线索的史料是《上宫记》，学界认为它成书于 7 世纪。按照该书的说法，继体天皇是 Homutsuwake 王的五世孙。对钦明大王而言，出身关乎自身的正统性，因此必须加以

倭五王： 日本的王位继承与五世纪的东亚

重视。

然而根照谱系，继体大王的祖父，也就是钦明大王的曾祖父是一个名叫"大郎子"的人，大郎子其实就是"少爷"的意思，由此可见他们连自己直系祖先的名字都已经忘记了。有的学者认为这反映了继体大王的谱系是伪造的（川口胜康）。除却这点不谈，最起码对于钦明大王而言，5世纪的大王其实都是旁系，他们在谱系上并不处于值得重视的位置，反而是容易被忘却的存在。

这还关乎另一个问题，那就是《古事记》和《日本书纪》里应神天皇以后、继体天皇以前的天皇到底是否真实存在。这些天皇中不乏真实性存疑的人物，比如说第23代显宗天皇和第25代武烈天皇。不少学者认为，由于6世纪初仁德天皇一系王统断绝，继体一系为了把王统的转移正当化，从而创造了武烈天皇的暴虐形象。这一例子清楚地反映出大王的谱系其实极有可能遭到过篡改，其篡改的程度甚至到了创造架空天皇的地步。

对《日本书纪》的怀疑

所以说，对6世纪以后的倭王权而言，5世纪的大王其实只留下了相当模糊的记忆，因此为了历史叙述的方便，连创造架空天皇这种事情也可以发生。

第4章 倭五王到底是谁

《日本书纪》的编撰者又在《帝纪》的基础上融入了中国的天命思想，把真相与虚构结合起来，形成了我们今天看到的皇位继承谱系。《古事记》中记载的从神武天皇到第33代推古天皇的谱系与《日本书纪》是一样的。然而我们并不能因为《古事记》和《日本书纪》的记录相同就认为这一谱系自古已经存在。

7世纪下半叶的天武天皇统治时期，日本开启了正式的史书编撰工作，当时的编撰成果经过后来的整理形成了确立的天皇继承顺序，之后呈现在712年成书的《古事记》与720年成书的《日本书纪》中。

上文描述了成书于6世纪的《帝纪》收录了5世纪存在的大王的谱系，之后又转移到《古事记》和《日本书纪》的过程。我并不认为当时的人已经把5世纪发生的历史全部忘却，在《帝纪》中重新创作了历史，但我们确实有必要对此前一直被认为是历史事实的亲子、兄弟关系进行重新思考。

最起码现有的研究已经表明，就赞、珍之间的兄弟关系而言，《古事记》和《日本书纪》的谱系中并没有恰当的比对对象。这么一来，济、兴、武的比对是否正确也就值得怀疑了。由此可见，使用谱系来对倭五王进行比对的方法也有很大问题。

3. 始祖王与5世纪的王权

三大王族集团

前文得出了一个结论，即从名字、谱系弄清倭五王的身份是极其困难的。说到底，我认为把《宋书·倭国传》与《古事记》和《日本书纪》进行对照研究的做法难以得出重大的成果。要想知道5世纪倭王权的真实情况，我们就必须从别的方法着手。

我在序章中提到过，考古学研究指出5世纪曾存在多个势力强大的王族集团。通过比较百舌鸟古坟群与古市古坟群，我们发现大王墓与其他王族集团的古坟之间并不存在能将两者区分开来的差距。也就是说，当时的倭王权其实由多个王族集团构成。在两个集团并存的同时又存在大王，这说明产生大王的集团并不对另一集团拥有压倒性的优势地位。

《宋书·倭国传》中记载的倭五王中，赞、珍系统与济、兴、武系统可能就属于谱系上不同的集团。从珍与倭隋的关系中我们也能看出倭国王与其他强大的王族并存这一事实，而且当时并非只有两个王族集团。6世纪初，继体大王从近江、越前一带进入河内、大和并继承了王位，

第4章 倭五王到底是谁

我们可以推测，他的集团应该在5世纪拥有一定的势力。

也就是说，构成5世纪倭王权的强大的王族集团最起码有赞集团、济集团，还有北陆集团这三个。虽然没有明确的证据，但从《古事记》和《日本书纪》中王族自相残杀的记载来看，当时可能还存在其他具有势力的集团。但是考虑到大和、河内两地拥有巨大前方后圆坟的古坟群这一事实，当时的权力应该不是处于高度分散的状态。

从古坟群的此消彼长来看，5世纪上半叶应该存在三个王族集团，到了5世纪下半叶则收拢为两个。按照我们现有的信息，赞系统与济系统应该能够分别与古市古坟群与百舌鸟古坟群相对应。另外，百舌鸟与古市两个古坟群都存续到5世纪下半叶，由此我们可以推断王位从珍转移到济并不一定意味着由珍领导的赞集团就此灭亡。

王位的转移发生在济即位的443年，在这个时期并没有看到古坟群出现明显衰退的迹象。虽然我们可以认为王位转移的原因是珍的死亡，但赞集团在那以后可能还维持着某种程度的力量。在大和、河内两集团相互竞争的同时还有隔岸观火的北陆集团。

这些强大的王族集团与各地豪族建立了政治联系，这种政治上的结合需要双方的共同意愿，其结果就是建筑在各地的具有政治标志性的前方后圆坟。

我们可以推论，随着日本列岛上政治统合的推进，前

倭五王： 日本的王位继承与五世纪的东亚

方后圆坟的数量也应该不断增加。然而土生田纯之指出，4世纪到5世纪间相模、甲斐一带的豪族停止了前方后圆坟的建造。这似乎意味着地方豪族中断了与王族集团的关系，由此看来，王族与地方豪族的关系并非必然由王族主导，有时候地方豪族可能才是判断政治关系走向的一方。

始祖王誉田别

王族集团共同使用倭姓，这可能意味着他们有着同一个始祖，那么这位始祖是谁呢？解答这一问题的关键是北陆集团继体大王的谱系。

对大和、河内而言，继体大王的势力处于北陆，是外部的力量。他之所以能够继承王位，是因为他与之前的倭五王拥有同一始祖，这应该是当时人们的共识。按照上文提到的《上宫记》的记载，这一共同祖先名叫 Homutsuwake。这与《古事记》和《日本书纪》谱系中记载的 Homutawake（誉田别）有所区别，但考虑到各王族集团分别记录自己与始祖间关系的谱系，随着时间的推移，或许会产生一些细微的变化。只要我们假设两者有共同的始祖，那么赞系统与济系统应该以 Homutawake 为共同的始祖。

那么，为何 Homutawake 会被各集团认为是共同的始

第 4 章　倭五王到底是谁

祖呢？《古事记》和《日本书纪》中 Homutawake 就是第 15 代应神天皇。按照书中的记载，应神天皇在与朝鲜半岛各国的外交中发挥了重要的作用，其中最值得注意的就是与百济的关系。

《古事记》记载，在应神天皇的时代，百济肖古王（近肖古王）"以牡马一匹、牝马一匹，付阿知吉师以贡上。亦贡上横刀及大镜"。《日本书纪》应神天皇十五年八月的记事中也有提及阿知吉师来朝与赠送马匹的事情，但是没有提到刀和镜。《日本书纪》中另一处提到从百济获得刀和镜这一组合，那是在神功皇后的时代，获得的是七支刀与七子镜。

如果《古事记》中提到的横刀与大镜就是指七支刀与七子镜的话，那么我们在序章中提到的，以七支刀为媒介展开的与百济的外交就有了一种不同的说法，即这一事件并非发生在神功皇后的时代，而是在应神天皇的时代。

也就是说，七支刀铭文上明确提及的赠予对象"倭王"有可能就是 Homutawake。我们甚至可以推断，倭国王族集团可能正是因为 Homutawake 开启了与百济的外交活动，才把他奉为共同的始祖。

被奉为始祖王的 Homutawake 在王权谱系中具有开创性的地位，后世的人对此也有强烈的意识，这种对历史的

倭五王： 日本的王位继承与五世纪的东亚

感观最终残留在《古事记》之中。

神野志隆光认为，《古事记》虽然分成了上中下三卷，但其实每一卷的内容都自成一体，有其独特的系统。上卷讲述的是神话的世界，人类并没有登场；中卷描述天皇统治的天下世界的形成过程，重点是从神话到历史的转移；下卷则是讲述已经形成的天下世界一直到推古天皇的天皇谱系。应神天皇的位置是中卷的末尾，也就是说，《古事记》的作者认为天皇统治的历史世界正是在应神天皇的时代最终形成的。

然而应神天皇，也就是 Homutawake，在《古事记》中并非始祖。其原因之一大概是 6~7 世纪编撰各种历史书的时候，天皇的谱系不断往上追溯，在原本的谱系之前又添加了新的谱系。然而，从神武天皇一直到应神天皇的继承都是父死子继的直系继承，而从应神天皇之子仁德天皇开始则出现了旁系继承，可见即便史书的编撰者对 5 世纪的记忆已经模糊，但还是清楚应神天皇前后的历史应该有明确的区别。

地位继承顺序的逻辑

虽然各王族集团都有自己的谱系，但围绕这一话题我还要附加一点说明。

第 4 章 倭五王到底是谁

谱系是当时日本列岛的社会，尤其是统治阶层维持统治的重要手段。能够证明这一点的是稻荷山古坟出土铁剑。这把铁剑上刻有铭文，里面记载了一段广为人知的谱系：

> 上祖名意富比垝（Ohohiko），其儿多加利（Takari）足尼，其儿名弖已加利获居（Teyokariwake），其儿名多加披次获居（Takahishiwake），其儿名多沙鬼获居（Tasakiwake），其儿名半弖比（Hatehi），其儿名加差披余（Kasahiyo），其儿名乎获居臣（Owake no Omi）……

这里记载了上祖 Ohohiko 之后八代的名字，最后一个就是制作铁剑的 Owake no Omi，这是现存最古老的谱系史料。

铭文中虽然在上祖之后的每一代首领的名字前写着"其儿"，但彼此之前其实并不一定存在亲子关系。一直到乎获居为止，每一代都是选择家族里最合适的人物为新领袖。新领袖与前任族长虽然都是同族，但未必是父子关系。学界认为，新族长是通过担任前族长的"儿"来建立起模拟的父子关系，由此顺利继承族长之位。由此可见，豪族把每一代族长的名字记录下来，以此构成从先祖到现任族长的历史。

倭五王： 日本的王位继承与五世纪的东亚

像稻荷山铁剑铭文显示的，这种豪族集团首领不以血缘关系继承，而是同族内非连贯地继承，然后把各个领袖用模拟的父子关系联系起来，这种做法直到9世纪仍然存在。

位于京都府宫津市的笼神社是丹后国的一宫①，社内藏有《海部氏系图》这一古代谱系图。《海部氏系图》采用了一种名叫纵系图的古老记录形式，也就是把卷轴纵向展开，用一根竖线记载每一代海部氏族长的名字。我们今天看到的谱系一般是横向记载的，与纵系图的形式很不一样。这种谱系并不记录祖、父、子、孙这样的直系血统，而是不论血缘的远近，把始祖相同、拥有实力的家族成员当成不同世代的族长，这是一种有异于现代人想法的逻辑。

图 4-2 稻荷山铁剑
背面　正面

---

① 一个地区中规格最高的神社。——译者注

第4章 倭五王到底是谁

天皇家也要贯彻的逻辑

稻荷山铁剑铭文与笼神社谱系图都是豪族的谱系，并不能代表天皇家的情况。不过其实也有史料显示当时的天皇家同样在有意识地遵守这一逻辑。《续日本纪》中记载了一篇8世纪天皇继承的即位宣命，其中有如下文字：

> 灵龟元年尔，此乃天日嗣高御座之业食国天下之政乎，朕尔授赐让赐而，教赐诏赐都良久："挂畏淡海大津宫御宇倭根子天皇乃，万世尔不改常典止，立赐敷赐闢留随法，后遂者我子尔，佐太加尔牟俱佐加尔，无过事授赐。"止，负赐诏赐比志尔……改养老八年为神龟元年而，天日嗣高御座食国天下之业乎，吾子美麻斯王尔，授赐让赐。①

翻译为现代汉语则是：元明天皇在灵龟元年（715）把皇位让给我（元正天皇），她对我说"你要按照天智天

---

① 这段及下段引文使用上代日本语而非汉文写成，其中小字部分是万叶假名，代表一个日语音节，而非字面意义。——译者注

倭五王： 日本的王位继承与五世纪的东亚

皇定下来的万世不改之法治理国家，之后确保把皇位传给我的儿子首皇子"……因此现在改养老八年（724）为神龟元年，把天皇之位让给我的儿子首皇子。

在文章中，元明天皇和元正天皇都把皇太子首皇子（即圣武天皇）称为"我的儿子"。首皇子的父亲是文武天皇，元明天皇则是文武天皇的母亲，元正天皇是文武天皇的姐姐。也就是说，对首皇子而言，元明天皇其实是祖母，元正天皇则是姑妈。然而她们都没有严格按照血缘关系，而是直接把首皇子当作自己的儿子。这正好表明了在继承天皇的地位时，前天皇与新天皇之间存在一种概念上的亲子关系。

另外，文武天皇的即位宣命也反映了天皇家有趣的谱系意识：

> 高天原尔事始而，远天皇祖御世，中、今至麻弖尔，天皇御子之阿礼坐牟弥继继尔，大八岛国将知次止，天都神乃御子随母，天坐神之依之奉之随，此天津日嗣高御座之业止，现御神止大八岛国所知倭根子天皇命，授赐比负赐布贵支高支广支厚支大命乎受赐利恐坐弖……

翻译为现代汉语为：自高天原的时代开始，从远古的

第 4 章 倭五王到底是谁

初代天皇,一直到中世、现在,天皇的皇子相继出生,世代统治大八岛(日本),正如高天原的皇祖神把他的皇子任命为天上的神,我(文武天皇)也接受了统治日本的持统天皇的命令。

文章中把天皇的谱系进行了时代的区分,在神话、初代天皇与现在("今")的文武天皇之间设置了"中"这么一个时期。这表明了当时的人认为天皇的谱系不是从神话、初代直接延续到现在,而是存在一个中间的时期。"中"可以包含很多内容,但其中必然包含了应神天皇。上文说过,Homutawake 本来处于始祖王的位置,但在后来则被重新设定为中间时期的天皇。

不过,5 世纪的大王虽然把 Homutawake 看作始祖王,但并不是说他就是最初的大王,在他之前没有更早的大王。对于 5 世纪的大王而言,Homutawake 是创造了他们统治的世界的伟大的王,是有必要与更早的古代的王加以区分且具有重要意义的王。

与豪族一样,王族集团也遵守地位继承优先的逻辑。与豪族不一样的是,在王族集团里,家族的地位继承与倭国王的地位继承是重合的。

也就是说,当赞集团拥有王位时,赞与珍作为集团的首领也拥有从始祖王 Homutawake(可能还包括以前的王)到赞、珍的王位继承顺序。然而在济继承王位以后,王位继承的顺序就转移到济的系统，这时候继承始祖王谱系的就变成了济集团的历代领袖，他们的名字会被编入王位继承的顺序之中。也有可能济集团在获得王位以后赞集团就成了旁系，赞与珍可能会被排除在王位继承顺序以外，反过来济集团的领袖就进入新的继承顺序。可能这才是赞与珍的比对工作完全不清晰的真正原因。

获加多支卤真的是武吗

在对王位继承的研究中有一个不可忽略的存在，那就是真实的大王，即稻荷山铁剑铭文中提到的获加多支卤：

> 辛亥年七月中记……（乎获居臣）世世为杖刀人首，奉事来至今。获加多支卤大王寺在斯鬼宫时，吾左治天下……

学者认为铁剑铭文中提到的"辛亥年"指的是471年。稻荷山古坟的修建时间应该是5世纪末，这与铁剑铭文的年代推定是吻合的。

过去的研究认为武与获加多支卤（Wakatakeru）是同一人物，从铭文中的纪年推断，武应该在471年以前即位。铁剑铭文中出现的"治天下"这一概念也很值得注

第 4 章 倭五王到底是谁

意,我们可以认为,这一词语说明,当时的倭王权已经拥有了相当大的权力,不再需要依赖中国的册封。这也能解释武为何在即位之后很长一段时间里没有向刘宋遣使。

然而,这一理解也有问题。按照这种说法,武在 471 年以前即位,他的权力已经达到了不需要受册封的程度,然而他在 478 年却向刘宋遣使并要求官爵。如果他只是为自己请求官爵的话,那还可以理解成他是为了与高句丽对抗。然而武在上表文中还为属下的王族、豪族请求官爵,很明显这与国内统治有关,这两者之间明显存在矛盾。

武在上表文中明确请求刘宋授予官爵,其中包含了武与势力强大的王族和豪族的官爵,这说明日本列岛上的统治者依然需要依赖中国的权威。就算请求获得官爵的只有武一人,那也说明武通过中国的册封提高了自身的权威,进而巩固在国内的统治。不然的话就难以解释他向刘宋遣使的意义。

我们可以认为,倭五王正是通过册封建立了以"天下"为统治范围的权力。与第 2 章提到的"王赐"铁剑铭文中描述的 5 世纪中期的"王"相比,此时王的权力已经增长了许多。不过,这并不意味着这时候的王不再需要向中国派遣外交使节,只是结合两者思考时会产生这样的疑问而已。

之所以会出现这种疑问,说到底是因为我们认为向刘

倭五王： 日本的王位继承与五世纪的东亚

宋遣使的武与铁剑铭文上的获加多支卤是同一人物。然而正如第3章所述，武应该是在478年前后即位并在当年向刘宋遣使的，再结合本章中讨论的用字问题，可见我们还是要慎重思考武与获加多支卤是否同一人物的问题。

必须从《古事记》和《日本书纪》中解放的比对论

至今为止，通过对照《宋书·倭国传》与稻荷山铁剑铭文，有关当时的王的情况有以下几种可能。

其一，武与获加多支卤是同一人物，这是最主流的看法，然而这种说法存在诸多问题，这在上文已经论述了。

其二，武在478年前后即位，在此之前的倭国王是兴，因此471年的王应该是兴。那么，获加多支卤就应该是兴才对。然而，Wakatakeru这个本名与兴这个一字名却很难联系在一起。

其三，兴在462年即位，武在478年即位，在他们之间可能存在一位没有向刘宋派遣过使者的王，也就是Wakatakeru。如果是这样的话，兴应该是在即位后不久就去世了。另外，武在上表文中并未提到这位Wakatakeru，因此后者很可能来自济集团以外的王族集团。然而，这与上表文中谅暗的说法又有矛盾。

第 4 章 倭五王到底是谁

其四,铁剑铭文中的"辛亥年"可能指的不是471年,而是下一个辛亥年——531年。稻荷山古坟已经挖掘的部分存在两个埋葬地点(主体部分),分别是黏土椁与砾椁,至少有两人埋葬于此。铁剑出土于砾椁,然而黏土椁与砾椁都并非位于后方圆形部分的中心,因此很可能还存在一个尚未发现的墓穴(高桥一夫)。如果这种说法成立的话,那么葬于砾椁的乎获居臣就是后来追葬的,古坟的修造年代就没有必要与铁剑铭文中提到的年代一致。然而,这么一来埋葬的年代就要在531年以后了,把年代往后推这么多可能也并不合适。

我对此也暂时不能断定。武与获加多支卤到底是否同一人物,471年前后的王到底是谁,这是我们今后需要解答的课题。

倭五王到底是《古事记》和《日本书纪》的天皇谱系中的哪些人物,一直以来这都是倭五王研究的中心问题。

然而,自5世纪以来,随着政治上的变动与历史书的编撰,天皇的谱系多次遭到添加与删减。如果忽略这些因素的话,讨论倭五王的比对是难以得出结论的。对倭五王的研究不应该拘泥于《古事记》和《日本书纪》的记载,而是以倭五王为基础重构5世纪的历史。这正是我写作本书的目的。

终　章
"倭五王"时代的终结
——世袭王权的确立

　　武是倭五王的最后一位，在他之后倭国王再也没有进入中国的视野之中。倭国在5世纪频繁地向中国派遣使者，为何在武以后却突然停止遣使？本章将探讨这一现象的原因与背景，从而对5世纪倭五王在东亚历史舞台上登场的意义进行最终的思考。

1. 与中国外交关系的断绝
——为什么停止遣使

475年以后的东亚势力结构

　　在高句丽军队南下、百济都城汉城沦陷的这段时间

终　章　"倭五王"时代的终结

里，东亚的局势也产生了变化。

475年，百济的文周王在逃离兵灾后于熊津建都，由此重建了百济。476年，耽罗（即济州岛）的政治集团与百济缔结关系，百济开始向南方发展，从而开启了国势的复兴。

此外，百济与倭国也取得了联系。《日本书纪》说是雄略天皇帮助百济复国，但这只是《日本书纪》的笔法而已。实际上发生的情况应该是百济把复国的消息告知倭国，倭国再加以确认而已。《日本书纪》把百济灭亡记在了雄略天皇二十年（476），这明显是编撰时杜撰的结果。

在得知百济复国的消息后，停留在倭国的昆支返回了百济。文周王于476年把强大的贵族解仇任命为兵官佐平，477年又把昆支任命为内臣佐平，以此重新建立国内政治。这一人事任命的部分原因可能是希望通过昆支来强化与倭国的关系。

然而，百济的政治状况并不稳定。昆支在担任内臣佐平的同年去世，解仇借此机会谋杀了文周王并拥立了三斤王，以此控制了百济的大权。然而解仇没能控制住局势，他在478年与三斤王对立并被诛杀。

倭国正是在解仇杀害文周王、拥立三斤王这一混乱的时期通过百济向刘宋派遣了使者。由于百济经历了亡国与

倭五王： 日本的王位继承与五世纪的东亚

复国，这一时期的史料记录错综复杂，不同的史料中事件的发生时间多有出入，这使得许多事情都变得难以解释。三斤王在诛杀解仇的次年（479）死去。在复国期间，王权与贵族之间产生了分歧，局势相当动荡。

《三国史记》记载，百济在475年短暂灭亡的同时，倭国就对新罗展开了军事行动，之后又在476年、477年连续对新罗发动进攻。如果这一记载是真实的话，其背后的原因可能是百济与新罗结盟，倭国在没有百济牵制的情况下对新罗发动了进攻。此外，当时高句丽南下，倭国此举或许也是为了牵制新罗与高句丽的结盟。

477年之后，倭国暂时停止了对新罗的强硬政策，倭国军队下一次攻击新罗是在482年，中间有五年没有动静。这一中断的原因可能是兴的死亡。

在兴死亡、武即位的时候，武有必要向刘宋要求爵位以确保其地位，他很可能因此暂停了对外的军事活动。另外，当时倭国把昆支送回刚刚复国的百济，可见此时的倭国又要重视与百济的关系了。

高句丽在475年攻打汉城以后停止了领土的扩张，对外行动也仅限于向北魏、刘宋遣使而已。当时北魏的政局也不稳定，北魏献文帝在先帝的皇后文明太后的逼迫下，于471年让位于五岁的孝文帝。之后双方依然处于对立状态，献文帝最终在476年遭到毒杀。

终 章 "倭五王"时代的终结

我们并不知道高句丽在多大程度上了解北魏的政治形势，但是献文帝与文明太后激烈对立的消息应该在475年传到了高句丽。无论如何，当时的北魏由文明太后通过垂帘听政进行统治，她的对外政策并不积极。这也是百济在472年请求援助时遭到拒绝的原因之一。

刘宋则是已经走到了命运的尽头。将军萧道成掌握大权，通过镇压反对派扩张势力，并在477年杀害皇帝，拥立了新的皇帝，是为顺帝。477年与478年的倭国使者正是在这种局势下来到刘宋，他们应该不难感觉到刘宋快要亡国了。479年，萧道成接受了顺帝的禅让，建立了南齐。据说顺帝知道自己在劫难逃，说出了"愿后身世世勿复生天王家"这句话。他在一个月后被杀。

萧道成是南齐的高帝，他的王朝与刘宋有着同样的问题。齐高帝是军人出身，他与贵族之间的关系一直相当紧张。

最后一次遣使是在什么时候

在这种形势之下，武与中国的外交关系持续到了什么时候？武在478年呈上上表文，在次年的479年，刘宋就灭亡了。倭国与南齐的关系又是怎样的呢？《南齐书·倭国传》中记载了南齐与倭国的关系：

倭五王：日本的王位继承与五世纪的东亚

> 建元元年，进新除使持节、都督倭新罗任那加罗秦韩慕韩六国诸军事、安东大将军、倭王武号为镇东大将军。

南齐于502年亡国，梁建立。《梁书》中也提到了倭国：

> 车骑将军高句骊王高云进号车骑大将军。镇东大将军百济王余大进号征东大将军。安西将军宕昌王梁弥颌进号镇西将军。镇东大将军倭王武进号征东大将军。镇西将军河南王吐谷浑休留代进号征西将军。

按照这些史料的记载，武在479年从安东大将军升格为镇东大将军，在502年又升为征东大将军。

然而，我们不能凭这些记载就判断两国的外交活动还在进行。倭五王研究的泰斗坂元义种就认为这些记载之所以会出现，并不是因为武向中国遣使，而只是为了庆祝新王朝的建立而进行的升格。确实，史料只记载了将军号的升格，并没有提到使节来朝。尤其是《梁书》记载各国的统治者一起升格，更加佐证了这个说法。因此坂元义种的说法一直以来被学界认为是合理的史料解释。

终　章　"倭五王"时代的终结

新史料告诉我们什么

2011年,新的史料出现在我们的视野中,那就是清代人张庚的《诸番职贡图卷》。这是临摹梁元帝(552～554年在位)时的画作《梁职贡图》的一部分。

所谓职贡图是一种画像,里面描绘与中国有来往的各国使者的样貌,并在图画的旁边书写题记以对图画上的国家进行说明(榎一雄、深津行德)。《梁职贡图》的临摹本有三个版本传世,其中两个版本只有图画,既有图画也有题记的只有北宋1077年临摹的版本,一般被称作北宋摹本。

北宋摹本的倭国使图相当有名,大概许多读者已经看过了。里面描绘的倭人穿着一件前方敞开的外袍,脚上没有穿鞋,这看起来更像是南方民族的衣着,与出土陶器的倭人形象相当不一样。题记部分有损坏,已经看不到后半部分。

《诸番职贡图卷》原本有图画与题记,但现在也散佚了。不过《爱日吟庐书画续录》中整理并收录了《诸番职贡图卷》的题记,这是最近才发现的。其中倭国使的题记如下:

倭五王： 日本的王位继承与五世纪的东亚

> 倭国在东南大海中，依山岛为居地。气温暖，出珍珠青玉，无牛马虎豹羊鹊。男子皆黥面文身，以木绵帖头，衣横幅无缝，但结束相连。好沉水捕鱼蛤。妇人只被发衣如单被，穿其中贯头衣之。男女徒跣。好以丹涂身。种稻禾麻苎蚕桑，出绅布缣锦。兵用矛、盾、木弓，箭用骨为镞。其食以手，器用笾豆。死有棺无椁。齐建元中，奉表贡献。

其中衣服与赤足的记载与北宋摹本的图画相符，可见图画是基于题记而画。文章的内容与《魏志·倭人传》的内容基本一致，应该是由《倭人传》修改而成。

值得注意的是末尾的一句话："齐建元中，奉表贡献。"建元是南齐建国初的年号，也就是479～482年。上文提到《南齐书》中记载武官爵的晋升，此前学界一直认为当时并没有遣使，只是形式上的升格，然而《诸番职贡图卷》却显示倭国使节确实访问了南齐。

有学者认为，《诸番职贡图卷》是相对晚近的史料，而关键的信息点只有在这里出现了，因此需要慎重考虑其真伪。不过，比《诸番职贡图卷》更古老的北宋摹本的倭国使题记虽然后半部分缺失，但我们不妨将前半部分与《诸番职贡图卷》比较。两者虽然有文字的出入，但并没有新增的句子，可见《诸番职贡图卷》的内容应该不是

终　章　"倭五王"时代的终结

图 5-1　《梁职贡图》中的倭国使者

伪造，那么我们就不能忽视倭国朝贡的句子了。《梁职贡图》题记应该是把《魏志·倭人传》与其他史料结合而

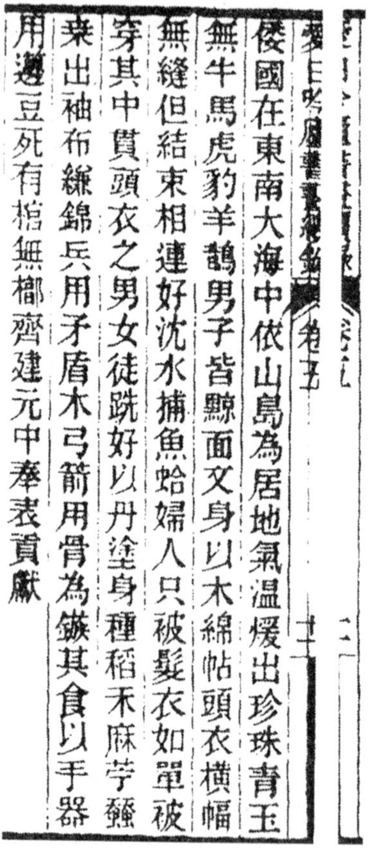

倭五王：日本的王位继承与五世纪的东亚

> 倭國在東南大海中依山島為居地氣溫煖出珍珠青玉無牛馬虎豹羊鵲男子皆黥面文身以木綿帖頭衣橫幅無縫但結束相連好沈水捕魚蛤婦人只被髮衣如單被穿其中貫頭衣之男女徒跣好以丹塗身種稻禾麻苧蠶桑其中袖布縑錦兵用矛盾木弓箭用骨為鏃其食以手器用邊豆死有棺無槨齊建元中奉表貢獻

图 5-2　《爱日吟庐书画续录》

成的。

　　结合《南齐书》的记载，真实的情况应该有两种可能。其一，武在 479 年向南齐遣使，南齐方面册封了他的官爵；其二，南齐为了庆祝建国，统一升格了各朝贡国统

终章 "倭五王"时代的终结

治者的官爵，武的使者是在之后才到达南齐的。两种情况都显示，武曾经向南齐派遣过一次使者，这就是倭五王的最后一次遣使。

武为何停止遣使

武不再向中国派遣外交使节的原因到底是什么呢？至今为止，学者们认为最主要的因素是5世纪倭国与东亚他国关系的变化。对此学界主要有三种说法，下文首先考察它们各自的论点与问题。

第一种说法围绕交通线路展开（川本芳昭）。

我们在第3章提到，山东半岛的所有权在469年从刘宋转移到北魏。因此学者认为，随着山东半岛易主，倭国向南朝遣使变得困难，因此就停止了遣使。从具体的交通线路来把握外交关系是理解历史细节时必须使用的方法。因此交通道路说是一种值得关注的说法。

我们确实可以看到，469年以后百济与倭国向中国遣使的次数发生了锐减。交通道路说应该有一定的说服力。然而，山东半岛易主并没有使外交活动变得不可能。百济在471年就向刘宋遣使，倭国也在477年、478年遣使。这显示了北魏占领山东半岛并没有导致百济和倭国与南朝断绝关系。换言之，交通道路说对武停止遣使的解释是薄

倭五王： 日本的王位继承与五世纪的东亚

弱的。

第二种说法为外交关系断绝与中国的鼎革思想有关（前之园亮一）。

479 年刘宋灭亡后，南朝经历了齐、梁、陈三个短命的王朝。学者认为这些王朝的皇帝的出身都不高，因此倭国并不认可遣使的价值。这种说法的根本论点是东亚其他各国如何看待中国王朝的更替。

这一说法的问题在于鼎革思想与皇帝出身的关系。我们在第 1 章也提到过，刘宋的皇帝其实出身也不高，如果说皇帝的出身会导致外交活动停止的话，那么当初倭国与刘宋的外交就无法得以维持。

第三种说法为，当时的倭国把自身视作"天下"，因此想要从中国的影响中脱离出去（西嶋定生）。

我们在上一章中提到，稻荷山铁剑与江田船山大刀的铭文中出现了"天下"这一概念。这能够说明当时倭国的统治制度已经成熟，倭王不再需要获得中国的册封。至今为止，这是最多学者认同的观点，看起来也是最有道理的。

然而，我们要慎重思考权力的成熟是否必然导致册封关系的中断。如果这一说法成立的话，那么中国周边的国家成长到一定地步时应该会断绝册封关系。然而实际上并不是所有周边国家都拒绝了册封关系，比如说朝鲜半岛上的国家就一直保持着册封关系。就算是日本，在特殊的情况下也会接受册封，足利义满就是一个很有名的例子。

这三种观点都分别涵盖了重要的观察角度，都是在对当时倭王权的性质进行了深入思考后提出的。然而它们又分别存在如上所述的各种问题。那么，我们到底应该如何理解外交关系的断绝呢？我认为，我们首先需要考虑5世纪倭国与南朝进行外交的目的。

上文已经论述过，与刘宋进行外交的目的在于获得官爵。从刘宋获得的官爵可以在国内给王族与豪族分配将军号，也能用府官制的方式达到强化倭王权的目的；在国外则是为了在与百济等国竞争时拥有相应的地位。反过来说，停止与中国的外交也就意味着不再获得中国的官爵，这也就放弃了作为倭国王统治日本列岛，以及出现在东亚外交舞台上的手段。这可以说是强制改变了倭五王共同构筑的权力结构。

2. 倭王权的转变
——继体大王的即位

加耶的自立与解体

以下先概括一下武从东亚外交舞台上消失之后的国际

倭五王： 日本的王位继承与五世纪的东亚

状况。

百济三斤王于479年去世。《日本书纪》记载当时昆支的第二个儿子末多在倭国，在倭国500人的护送下回国并继承了王位，是为东城王。按照这种说法，末多应该在昆支归国以后继续留在倭国，作为两国沟通的桥梁。倭国之所以护送他回国也是因为希望扶植一位对倭国友好的百济王。

同样在479年，南齐建国。南齐不仅提升了武的爵位，还让高句丽王从车骑大将军升格为骠骑大将军。百济则在第二年，即480年向南齐遣使，获得了使持节、都督百济诸军事、镇东大将军的爵位。与倭国、高句丽相比，百济获得官爵的时间更晚，将军号也没有升格。这时候倭国与百济的将军号是同级的，不过从武不再向南朝遣使的事实也能看出，此时的倭国已经不重视与南齐的关系了。从此以后，以将军号为标准的地位意识在东亚地区失去了意义。

加耶的动向也值得注意。479年，加罗国王荷知向南齐遣使，这个加罗国就是第2章提及的大加耶。学者把荷知比对为《三国遗事》中的嘉悉王。与百济、新罗相比，加耶是各小国的集合体，在较晚的时候才实现政治上的统一，而这时候的加耶正作为联盟开始了整合，其盟主正是大加耶。

终　章　"倭五王"时代的终结

475年，百济暂时陷入了亡国的状态，大加耶因此得以向南齐遣使。479年的遣使宣示了加耶诸国成为朝鲜半岛上第四大国的可能性。然而百济很快在文周王与三斤王的努力下复国了。虽说大加耶并不是没有能力单独通过朝鲜半岛西岸向中国遣使，但从它看准了南齐建国这一时机遣使的事实来看，当时可能存在把情报告知加耶，并帮助其遣使的力量。百济向南齐遣使是在480年，故可以排除百济的可能性。由此看来，倭国就有可能参与其中了。再加上倭国很有可能向南齐派遣了使者，由此我们可以推测，倭国与加耶可能是同时遣使的。

然而，加耶最终只向中国派遣了一次使者，之后再也没有遣使了。后来百济为了恢复国力而向朝鲜半岛西南部的马韩扩张势力，于5世纪末到6世纪上半叶发展至荣山江流域一带。同时新罗也开始了对加耶的入侵。加耶在百济与新罗的蚕食下最终解体，失去了成为独立国家的可能性。

高句丽对百济、新罗

高句丽在攻打百济并对其造成严重破坏以后，似乎又把目标转移到新罗身上。进入5世纪80年代，高句丽发动了对新罗的攻势，这些攻击断断续续地发生在481年、

倭五王： 日本的王位继承与五世纪的东亚

484年、489年、494年。

百济在484年向新罗派出援军，并在次年恢复了短暂亡国以前的关系。这意味着东城王采取了重视与新罗关系的外交政策。495年，百济更是向新罗提出了联姻的邀请，百济王最终迎娶了新罗重臣的女儿。百济与新罗的同盟关系通过联姻得到了进一步的强化。

我们不清楚当时倭国的外交政策，但倭国在482年、486年重启了对新罗的袭击。对此，学界主要有两种解释。

第一种观点为，百济与新罗的同盟关系对倭国不利，因此倭国对此进行了干扰。对倭国而言，百济、新罗、加耶诸国最好分别有求于自己，百济与新罗的联盟则破坏了这种关系。倭国之所以重启中断了五年的对新罗的攻击，可能是因为倭国认为东城王是亲倭国的百济王，他能够堵住百济内部的反对声音。

第二种观点为，袭击新罗并不是倭王权主导的。

我们在第2章提到，当时的军事组织方式是豪族们各自率领自己的军队。下文还会论述，当时的倭王权与倭五王时代相比，势力其实是衰落了。倭王权可能失去了对豪族活动的控制。

《日本书纪·显宗天皇纪》中记载了一个名叫纪生磐的人，他自称三韩王，在加耶自立并与高句丽勾结。6世

终 章 "倭五王"时代的终结

纪上半叶还有一个名叫筑紫君磐井的人,他私自与朝鲜半岛的诸国交往。这些记载的真伪难以确认,但可以肯定的是当时的倭国并非铁板一块。

在这种情形下,北魏于490年对百济发动进攻。由于需要渡海,中国其实极少对百济发动直接进攻。除了这一次北魏的进攻以外只有660年唐攻打百济并导致百济最终灭亡的一例而已。490年,北魏文明太后亡故,孝文帝亲政,然而他并没有对外交政策做出明显调整。攻打百济大概是为了在北魏国内宣示皇帝的权力。百济击退了北魏的攻击,并在495年给南齐的上表文中汇报了这件事情。

在这段时间里还发生了另一件大事,那就是统治高句丽长达78年的长寿王在491年去世。长寿王无疑与倭五王一样都是5世纪东亚政坛的核心人物。由于他在位时间实在太长,他的继承人助多王子先他而死,继承王位的是助多之子、长寿王之孙罗云,是为文咨明王。文咨明王延续了长寿王的外交政策,对新罗与百济发动了多次进攻。

在5世纪90年代,倭国只是偶尔出现在东亚的政治舞台上。从5世纪末到6世纪上半叶,高句丽、百济、倭国三足鼎立的局势转化为高句丽与百济、新罗的对立。

· 219 ·

倭五王：日本的王位继承与五世纪的东亚

继体大王的登场

文献上并没有记载这一时期倭王权的状况。我们可以看看《古事记》和《日本书纪》的说法作为参考。《古事记》中记载雄略天皇的去世是在"己巳年八月九日"，也就是489年，而《日本书纪》记载的则是雄略天皇二十三年（479），两者相差足足十年。

对雄略天皇的前代安康天皇以及之后的清宁、显宗、仁贤、武烈几代天皇，《古事记》连死亡时间都没有记载。另外显宗天皇与武烈天皇都没有皇子。因此，不少学者认为这些天皇中有一些是架空的人物，这在第4章已经提到。

能够确认的是，在这一时期，倭国停止了倭五王时代那种向南朝的遣使，而且不仅是与中原王朝，与百济等国的外交活动也大幅减少了。考虑到与中原王朝的外交是由倭王权主导的，这一趋势可能显示了当时的倭国处于国内政治混乱的状态。

能够证明此点的是继体大王在6世纪初的登场。继体大王即位前的名字叫男大迹（Ohodo）王，在越前、近江一带拥有势力。他自称是誉田别（Homutsuwake）的五世孙，于507年在河内樟叶宫即位。《日本书纪》记载，武

终　章　"倭五王"时代的终结

烈天皇死后，大伴金村打算迎立仲哀天皇的五世孙倭彦王，但没有成功，于是与物部麁鹿火、许势男人商议，最终迎立了继体大王。

如果男大迹王是誉田别的五世孙的话，那么他在谱系上就应该属于倭五王以外的系统。不过在5世纪的时候，他应该也是使用倭姓、王族集团出身得到承认的人物。继体大王即位的时候受到了大伴、物部、许势这些大豪族的支持，即位后也马上承认了他们的地位。这意味着男大迹在即位以前已经拥有一定的势力，大和地区的豪族也认可他的地位。

话虽如此，继体大王也不是一开始就确立了自己的地位。他没有在大和而是在河内即位，这本身就说明当时可能存在一定规模的拒绝接受继体大王的势力。后来继体大王经过山背的弟国（即今京都府乙训郡）并建筑了磐余玉穗宫，最终才进入了大和国。而此时已经是他即位的第20年了。

王位世袭化与王统的确立

继体大王的王位并不稳固，这意味着他之后的王位继承也存在不稳定的因素。继体大王自己恐怕也意识到了这个问题，并有意做出改善之举。他创立了一种挑选继承候

倭五王： 日本的王位继承与五世纪的东亚

选人的制度，即大兄制度。同一个母亲生下的王子组成了各自的小集团，其代表称作大兄，同时是王位继承的候选人。这种制度一直到 7 世纪下半叶仍然发挥着作用。

后来，虽然几经曲折，但大王的王统最终还是在继体大王的子孙之间继承下来。从这种角度出发，可以说继体大王的计划获得了成功。王位继承由原来的多个系统中拥有最强力量的人继承逐渐转移到近亲继承，王位的世袭性得到增强。

从另一个角度看，这也意味着产生了倭五王的两个王族集团都衰落了。在武最后一次遣使的 20 年后，这两个集团中没能产生适合担任王的人选。

《日本书纪》把衰落说成暴虐的武烈天皇的责任。有关武烈天皇的记载充满了与君主身份不符的行为，比如说割开孕妇的肚子、让人爬树之后把树砍断等。《日本书纪》这么写的目的在于说明武烈天皇的行为导致他的王统失去了天命，并致使继体天皇即位。编撰《日本书纪》的人生活在 8 世纪，这时候的人已经学习了天命思想，因此才写下了这样的故事，但这并不是当时的真实情形。

那么，这两个王族集团真的在 5 世纪末走向绝路了吗？百舌鸟古坟群与古市古坟群都没有建造新的巨大前方后圆坟，但两者都延续到了 6 世纪上半叶。由此看来，在继体大王的时代，产生倭五王的两个王族集团依然存在。

终　章　"倭五王"时代的终结

《日本书纪》记载，继体天皇迎娶了武烈天皇的姐姐手白香皇女。由此看来，5世纪并立的两个王族集团可能并非衰落，而是通过婚姻与新王朝实现了统合。

刘宋的崩溃与新秩序

倭国的王在5世纪初向中国的南朝派遣使节，到了5世纪末则逐渐停止了遣使。有关停止遣使的原因，至今为止学界一般认为是倭国已经形成了独立的统治制度，不再需要依赖中国的册封。

不过，在武停止遣使、继体大王登场的这大约20年间，倭国的国内政治很可能是比较混乱的。这与武建立了强大的权力基础这一说法并不一致。

那么，到底是什么原因导致了遣使停止呢？如果把停止遣使的时间与国际形势进行比较，那么刘宋的灭亡应该还是主要的原因。上文我介绍了与中国鼎革思想相关的学说，这是一派相当重要的说法。上文虽然已经指出了这种看法的问题，但其实在国际关系之中，名分是相当重要的，而且这点不仅仅适用于古代。

倭五王被刘宋皇帝册封为倭国王，也就是说，刘宋皇帝与倭五王结成了君臣关系，五王获得了倭国王、安东（大）将军、"使持节、都督……六国诸军事"这些官爵，

倭五王： 日本的王位继承与五世纪的东亚

并利用这些头衔建立其与国内的王族、豪族以及朝鲜诸国的关系，从而构筑其权力结构。倭五王认识到能够确保自己权力的来源是刘宋的皇帝，这是其权力正当性的根源。

这种观念并不限于倭五王，对百济王而言也是一样的。因此，倭国王与百济王之间既有互助，也有竞争的关系。换言之，他们是在刘宋的册封体系这一规则之下共同处理国际政治的问题。

然而，百济在475年短暂灭亡，之后在479年刘宋也灭亡了，这对倭五王而言意味着国际政治的规则发生了突如其来的剧变。倭国可能是为了试探新王朝打算如何介入东亚国际政治，才在南齐建国时派遣了一次使者。然而，倭国并不认为南齐能够继续保证其权力的正当性，因此才停止了遣使。

类似的情况在之前也发生过。卑弥呼曾经被曹魏封为亲魏倭王，她与她的继承人台与都与魏进行外交活动。《魏志·倭人传》记载台与曾经在卑弥呼死后派遣过一次使者，而《晋书·倭人传》则记录了此后的外交关系。按照《晋书》的说法，曹魏于265年灭亡，西晋建立，倭国在266年向西晋派遣了一次使者，但此后就再也没有遣使了。

当然，卑弥呼、台与的时代与倭五王的时代不同，不能一概而论。但是两者之间确实存在共同点，那就是在王

终　章　"倭五王"时代的终结

朝（曹魏、刘宋）灭亡的同时，此前与该王朝建立的册封关系也终止了。

由于国内权力的成熟而终止册封关系的说法听起来比较合理，但这其实是受限于从一国的历史看问题的结果。当时的倭王权只是处于形成的过程之中，还不能从东亚的国际关系中脱离出去。具体而言，加耶的铁、百济与新罗的文物以及来自高句丽的外交压力都发挥了一定作用。

倭五王最希望从刘宋获得的是约束东亚各国的国际秩序，官爵则是这种秩序的具体表现。建立南齐的萧道成在478年武遣使的时候官居骠骑大将军。如果对武而言，中国是高于倭国的上国的话，那么萧道成则在过去与自己同样都是刘宋皇帝的臣下，他可能因此不愿意承认萧道成的帝位。正是因为自己依附的皇帝失去了权威，武才终止了与中国的外交关系。

同一时期，倭国国内陷入了混乱。在平息混乱的过程中，统治制度也发生了变革。倭五王在5世纪建立了倭姓的王权，由此统治无姓的民众。而6世纪的王权则与之不同，大王没有姓氏，反而把姓氏赐予豪族乃至民众，自己君临臣下，这可谓一次重大的体制改革。至于这个过程是如何完成的，那已经是超越了本书涵盖范围的问题，因此此处就不具体叙述了。

倭五王： 日本的王位继承与五世纪的东亚

导致这一转变发生的契机正是继体大王的即位与世袭王权的建立，与此同时，倭五王的真实形象则逐渐从人们的记忆中消失。人们再一次记起他们的时候，已经是1000年后，瑞溪周凤所在的室町时代了。

后　记

对我而言，初中、高中的记忆已经相当模糊了，但是我依然记得当时在日本史课上产生的那种奇怪的感觉。当时我的日本史老师是这么说的：埼玉县稻荷山古坟出土的铁剑上铭刻着"获加多支卤"这个名字，这就是《日本书纪》中的"幼武"（Wakatakeru），也就是雄略天皇；另外《宋书·倭国传》中出现的倭国的王"武"也是"幼武"的省略；这三处不同的史料中都出现了同一个名字……

我刚听完这段话的时候有一种原来如此的感觉，然而同时又有一丝难以除却的奇怪感觉。

稻荷山铁剑上的"获加多支卤"确实能与《日本书纪》的"幼武"联系到一起（虽然现在看来这一点也是有问题的）。可是中国史料《宋书》中的"武"在宋人看来难道不应该读作"mu"吗？这怎么就与获加多支卤是

倭五王：日本的王位继承与五世纪的东亚

同一人物呢？

之所以会感到奇怪，正是因为人们把稻荷山铁剑上的获加多支卤与《日本书纪》的幼武以及中国史料《宋书》的"武"画上了等号。不过内向的我当时并没有提出质疑，这一疑问也就不了了之了。

后来我在研究生阶段进行了正规的日本古代史学习，也读了有关倭五王的论文。由此我知道了倭五王的一字名赞、珍、济、兴、武是倭国方面对外使用的名字。然而，一个新的疑问又出现了。

如果获加多支卤就是武的话，那么他为何不在与刘宋进行外交中使用"获加多支卤"这一名字呢？如果每一个汉字代表一个音节的话，那么宋人就可以更正确地称呼他了。为何他不使用这种办法呢？

我从论文中又读到，之所以使用一字名是因为受到了高句丽与百济的影响。这种国际性视角给予了我极大的启发。然而，疑问还是没有解决。

如果要使用一字名的话，那么直接在"获加多支卤"中选一个字来用就行了，为何要用宋人读不出来的"武"（Takeru）这一训假名呢？说到底，把"武"这个字训读为 Takeru 的做法在 5 世纪就已经存在吗？

正当我这么思考的时候，我的朋友江草宣友问我要不要在国学院大学的国史学会发表报告，于是我就以《倭

后记

王武的上表文与文字表记》为题做了报告。这是 2001 年的事情了。

这就是本书的出发点。在此后的十几年间，我断断续续地思考着倭五王的问题。其间已故的石井正敏先生希望我为《日本的对外关系》撰写有关倭五王的论文，这对我而言是非常重要的回忆。当时的论文也成了本书的基础。也不知道我是否达到了石井正敏先生的期待。他最终没能读到这本书，这实在是极大的遗憾。

这时候，中公新书编辑部的白户直人先生问我要不要写点东西，说是远藤庆太与河上麻由子两位新进学者推荐了我。他问我最近有没有什么想要写的题目，我就回答说想写倭五王相关的书，他露出了惊讶的表情。当时我刚刚写完一本关于遣唐使的书，他可能以为我会继续写关于遣隋使的内容。然而倭五王是我研究了十几年的课题，因此我就乘此机会，对他提出了这样"无理"的提议。

我真正着手写作时却发现这本书并不那么好写。这是因为已经有不少人写过关于倭五王的书，比如倭五王研究领域的泰斗坂元义种、之后的藤间生大，以及最近的森公章等。他们的书都相当精彩，如果我写的内容与他们一样的话，那就没有出版的价值了。

记载 5 世纪倭国历史的史料中，最重要的确实是

倭五王： 日本的王位继承与五世纪的东亚

《古事记》与《日本书纪》。然而这两本书的成书过程相当复杂，这在有关继体天皇以前的记载中尤为明显。如果不对书中的内容加以研究，不辨其真伪，那么自然是难以得出令人信服的结论的。如果说本书有什么意义的话，那就是：本书虽然也提到了《古事记》和《日本书纪》的内容，但并不以此为根据，而是按照中国、朝鲜的史料以及考古学的成果描绘出历史的真相。日本的考古学界往往难以把中国、朝鲜的史料包含进研究的范围中，反之亦然。以日本古代史的角度进行研究则能够把两者都加以考虑，这是它的优势所在。

当然，对于中国史、朝鲜史、考古学的专家而言，本书对这些领域的理解可能存在许多不足之处。我衷心希望能得到各位的指正。

本书并不是把内容写完就结束了。白户直人先生总是既耐心又严厉地对我说，这一处的语言节奏把握得不好，这一处的内容与读者想看的不一致，这一处要写得更平白易懂一点，等等。通过与他的合作，我学会了从读者的角度出发进行写作。由此本书呈献的内容比当初的构想更加完善，在这一点上，我还是颇有自信的。

本书中含有与一般说法不一样的内容。不过我认为，学问的本质就是对既有的观念提出疑问并加以修

后 记

正。至于本书在这一点上做得好不好，还有待读者的判断。

河内春人

2017 年 10 月

原文史料

《晋书·安帝本纪》：

·（义熙九年）是岁，高句丽、倭国及西南夷铜头大师并献方物。

《义熙起居注》（引自《太平御览》）：

·倭国献貂皮人参等，诏赐细笙麝香。

《宋书·文帝本纪》：

·（元嘉七年春正月）是月，倭国王遣使献方物。
·（元嘉十五年四月）己巳，以倭国王珍为安东将军。……是岁，武都王、河南国、高丽国、倭国、扶南国、林邑国并遣使献方物。

・（元嘉二十年）是岁，河西国、高丽国、百济国、倭国并遣使献方物。

・（元嘉二十八年）秋七月甲辰，安东将军倭王倭济进号安东大将军。

《宋书·孝武帝本纪》：

・（大明四年十二月丁未）倭国遣使献方物。

・（大明六年三月）壬寅，以倭国王世子兴为安东将军。

《宋书·顺帝本纪》：

・（昇明元年）冬十一月己酉，倭国遣使献方物。

・（昇明二年）五月戊午，倭国王武遣使献方物，以武为安东大将军。

《宋书·夷蛮传》倭国条（《倭国传》）：

・倭国在高骊东南大海中，世修贡职。高祖永初

倭五王：日本的王位继承与五世纪的东亚

二年，诏曰："倭赞万里修贡，远诚宜甄，可赐除授。"太祖元嘉二年，赞又遣司马曹达奉表献方物。赞死，弟珍立，遣使贡献。自称使持节、都督倭百济新罗任那秦韩慕韩六国诸军事、安东大将军、倭国王。表求除正，诏除安东将军、倭国王。珍又求除正倭隋等十三人平西、征虏、冠军、辅国将军号，诏并听。二十年，倭国王济遣使奉献，复以为安东将军、倭国王。二十八年，加使持节、都督倭新罗任那加罗秦韩慕韩六国诸军事，安东将军如故。并除所上二十三人军、郡。济死，世子兴遣使贡献。世祖大明六年，诏曰："倭王世子兴，奕世载忠，作藩外海，禀化宁境，恭修贡职。新嗣边业，宜授爵号，可安东将军、倭国王。"兴死，弟武立，自称使持节、都督倭百济新罗任那加罗秦韩慕韩七国诸军事、安东大将军、倭国王。

顺帝昇明二年，遣使上表曰："封国偏远，作藩于外，自昔祖祢，躬擐甲胄，跋涉山川，不遑宁处。东征毛人五十五国，西服众夷六十六国，渡平海北九十五国，王道融泰，廓土遐畿，累叶朝宗，不愆于岁。臣虽下愚，忝胤先绪，驱率所统，归崇天极，道径百济，装治船舫，而句骊无道，图欲见吞，掠抄边隶，虔刘不已，每致稽滞，以失良风。虽曰进路，或通或不。臣亡考济实忿寇仇，壅塞天路，控弦百万，义声感激，方欲大举，奄丧父兄，使垂成之功，不获一篑。居在谅暗，不动兵甲，是以偃息未捷。至今欲练甲治兵，申父兄之志，义士虎贲，文武效功，白刃交前，亦所不顾。若以帝德覆载，摧此强敌，克靖方难，无替前功。窃自假开府仪同三司，其余咸各假授，以劝忠节。"诏除武使持节、都督倭新罗任那加罗秦韩慕韩六国诸军事、安东大将军、倭王。

《南齐书·东南夷传》倭国：

· 倭国，在带方东南大海岛中，汉末以来，立女王。土俗已见前史。建元元年，进新除使持节、都督倭新罗任那加罗秦韩慕韩六国诸军事、安东大将军、倭王武号为镇东大将军。

《梁书·武帝本纪》：

· 戊辰，车骑将军高句骊王高云进号车骑大将军。镇东大将军百济王余大进号征东大将军。安西将军宕昌王梁弥颌进号镇西将军。镇东大将军倭王武进号征东大将军。镇西将军河南王吐谷浑休留代进号征

倭五王： 日本的王位继承与五世纪的东亚

西将军。

《梁书·诸夷传》倭条：

- 晋安帝时，有倭王赞。赞死，立弟弥。弥死，立子济。济死，立子兴。兴死，立弟武。齐建元中，除武持节、督倭新罗任那伽罗秦韩慕韩六国诸军事、镇东大将军。高祖即位，进武号征东将军。

《梁职贡图》：

- 倭国在东南大海中，依山岛为居地。气温暖，出珍珠青玉，无牛马虎豹羊鹊。男子皆黥面文身，以木绵帖头，衣横幅无缝，但结束相连。好沉水捕鱼蛤。妇人只被发衣如单被，穿其中贯头衣之。男女徒跣。好以丹涂身。种稻禾麻苎蚕桑，出䌷布缣锦。兵用矛、盾、木弓，箭用骨为镞。其食以手，器用笾豆。死有棺无椁。齐建元中，奉表贡献。

七支刀：

- （正面）泰□四年□月十六日丙午正阳，造

原文史料

百炼铁七支刀。□辟百兵，宜供供侯王。□□□作。

·（背面）先世以来，未有此刀。百济王世□奇生圣音，故为倭王旨，造传示后世。

稻荷山古坟出土铁剑铭文：

·辛亥年七月中记，乎获居臣，上祖名意富比垝，其儿多加利足尼，其儿名弖已加利获居，其儿名多加披次获居，其儿名多沙鬼获居，其儿名半弖比，其儿名加差披余，其儿名乎获居臣，世世为杖刀人首，奉事来至今。获加多支卤大王寺在斯鬼宫时，吾左治天下，令作此百练利刀，记吾奉事根原也。

江田船山古坟大刀银象嵌铭文：

治天下获□□□卤大王世，奉事典曹人，名无□（利？）弖，八月中，用大铁釜，并四尺廷刀，八十练□十振。三寸上好刊刀。服此刀者，长寿子孙洋洋，得□恩也。不失其所统。作刀者，名伊太□，书者张安也。

参考文献

倭五王综合论述

藤間生大『倭の五王』岩波新書、1968 年

坂元義種『古代東アジアの日本と朝鮮』吉川弘文館、1978 年

坂元義種『倭の五王』教育社、1981 年

山尾幸久『古代の日朝関係』塙書房、1989 年

森公章『倭の五王』山川出版社、2010 年

田中史生「倭の五王と列島支配」『岩波講座日本歴史 1』岩波書店、2013 年

东亚动向

坂元義種『百済史の研究』塙書房、1978 年

西嶋定生『日本歴史の国際環境』東京大学出版会、1985 年

武田幸男『高句麗史と東アジア』岩波書店、

1989年

礪波護・武田幸男『世界の歴史6 隋唐帝国と古代朝鮮』中央公論社、1997年

三崎良章『五胡十六国』東方書店、2002年

川本芳昭『中国の歴史05 中華の崩壊と拡大』講談社、2005年

序　章

村山正雄編著『石上神宮七支刀銘文図録』吉川弘文館、1996年

山尾幸久『日本古代王権形成史論』岩波書店、1983年

宮崎市定『謎の七支刀』中央公論社、1983年

吉田晶『七支刀の謎を解く』新日本出版社、2001年

川口勝康「四世紀史と王統譜」『人文学報』154、1982年

鈴木靖民「石上神宮七支刀銘と倭国をめぐる国際関係」『倭国史の展開と東アジア』岩波書店、2012年

栗原朋信「「七支刀」銘文からみた日本と百済・東晋の関係」『上代日本対外関係の研究』吉川弘文館、1978年

福山敏男「石上神宮の七支刀」『美術研究』158、

倭五王： 日本的王位継承与五世纪的东亚

1951 年

榧本杜人「石上神宮の七支刀とその銘文」『朝鮮学報』3、1952 年

金錫亨『古代朝日関係史』勁草書房、1969 年

岡崎敬「安岳三号墳（冬寿墓）の研究」『史淵』93、1964 年

鈴木靖民「加耶の鉄と倭王権についての歴史的パースペクティヴ」『日本古代国家の展開』上、思文閣出版、1995 年

都出比呂志『古代国家はいつ成立したか』岩波新書、2011 年

広瀬和雄『前方後円墳国家』角川書店、2003 年

森公章「東アジア史の中の古墳時代」『古墳時代の考古学 1』同成社、2011 年

新修大阪市史編纂委員会『新修　大阪市史』1、大阪市、1988 年

河内春人「東アジアにおける文書外交の成立」『歴史評論』680、2006 年

武田幸男『高句麗と東アジア』岩波書店、1989 年

李進熙『広開土王陵碑の研究増訂版』吉川弘文館、1972 年

武田幸男『広開土王碑との対話』白帝社、2007 年

李成市「表像としての広開土王碑文」『思想』842、1994年

林俊雄『興亡の世界史02　スキタイと匈奴　遊牧の文明』講談社、2007年

川本芳昭『魏晋南北朝時代の民族問題』汲古書院、1998年

第1章

池田温「義熙九年倭国献方物をめぐって」『東アジアの文化交流史』吉川弘文館、2002年

石井正敏「五世紀の日韓関係」『日韓歴史共同研究報告書　第一分科篇』日韓歴史共同研究委員会、2005年

川本芳昭「倭国の四一三年東晋遣使」『新版古代の日本2』角川書店、1992年

川勝義雄『六朝貴族制社会の研究』岩波書店、1982年

山口正晃「将軍から都督へ」『東洋史研究』76-1、2017年

小尾孟夫『六朝都督制研究』溪水社、2001年

荊木美行『記紀と古代史料の研究』国書刊行会、2008年

金子修一『隋唐の国際秩序と東アジア』名著刊行

倭五王： 日本的王位继承与五世纪的东亚

会、2001 年

宮崎市定『九品官人法の研究』中公文庫、1997 年

河内春人「倭国における南朝官爵の史的意義」『日本古代君主号の研究』八木書店、2015 年

前之園亮一「倭の五王・司馬曹達・百済府官の単名について」『共立女子短期大学文科紀要』45、2002 年

田中史生「倭の五王の対外関係と支配体制」『島根県古代文化センター研究論集』14、2015 年

西本昌弘「楽浪・帯方二郡の興亡と漢人遺民の行方」『古代文化』41 - 10、1989 年

鈴木靖民『倭国史の展開と東アジア』岩波書店、2012 年

第 2 章

村山正雄「百済の大姓八族について」『東洋史論叢』山川出版社、1972 年

武田幸男「平西将軍・倭隋の解釈」『朝鮮学報』77、1975 年

塩沢裕仁「宋書にみる倭隋の将軍号」『法政大学大学院紀要』31、1993 年

市原市教育委員会・財団法人市原市文化財センター編『「王賜」銘鉄剣概報　千葉県市原市稲荷台一号墳出土』吉川弘文館、1988 年

熊谷公男「五世紀の倭・百済関係と羅済同盟」『アジア文化史研究』7、2007年

木村誠『古代朝鮮の国家と社会』吉川弘文館、2004年

李成市『古代東アジアの民族と国家』岩波書店、1998年

糸永佳正「新羅の高句麗からの自立時期について」『大阪教育大学　歴史研究』36、1999年

井上直樹「高句麗の対北魏外交と朝鮮半島情勢」『朝鮮史研究会論文集』38、2000年

高寛敏「倭の五王と朝鮮」『東アジア研究』8、1995年

荊木美行「元嘉七年遣使の「倭国王」をめぐって」『史料』144、1996年

石井正敏「五世紀の日韓関係」『日韓歴史共同研究報告書　第一分科篇』日韓歴史共同研究委員会、2005年

田中俊明『大加耶連盟の興亡と「任那」』吉川弘文館、1992年

田中俊明『古代の日本と加耶』山川出版社、2009年

湊哲夫「倭王世子興没年代考」『日本史論叢』2、

倭五王： 日本的王位継承与五世纪的东亚

1973 年

第 3 章

鈴木靖民「武（雄略）の王権と東アジア」佐伯有清編『古代を考える 雄略天皇とその時代』吉川弘文館、1988 年

川本芳昭「倭の五王による劉宋遣使の開始とその終焉」『魏晋南北朝時代の民族問題』汲古書院、1998 年

井上直樹「高句麗の対北魏外交と朝鮮半島情勢」『朝鮮史研究会論文集』38、2000 年

田中俊明「百済文周王系の登場と武寧王」『高麗美術館研究紀要』5、2006 年

鈴木英夫『古代の倭国と朝鮮諸国』青木書店、1996 年

廣瀬憲雄「倭の五王の冊封と劉宋遣使」『梁職貢図と東部ユーラシア世界』勉誠出版、2014 年

荊木美行『風土記と古代史料の研究』国書刊行会、2012 年

横山貞裕「倭王武の上表文について」『日本歴史』389、1980 年

前之園亮一「倭の五王の通宋の開始と終焉について」『古代国家の政治と外交』吉川弘文館、2001 年

笠井倭人「倭王武の上表文」『古代の日朝関係と日

本書紀』吉川弘文館、2000 年

川崎晃「倭王武・百済王餘慶の上表文と金石文」『古代学論究』慶應義塾大学出版会、2012 年

湯浅幸孫「倭国王武の上表文について」『史林』64-1、1981 年

福井佳夫「倭国王武「遣使上表」について」上下『中京国文学』14・15、1995、1996 年

河内春人「倭王武の上表文と文字表記」『日本古代君主号の研究』八木書店、2015 年

鈴木英夫「倭の五王と高句麗」『高句麗研究』14、2002 年

熊谷公男「倭王武の上表文と五世紀の東アジア情勢」『東北学院大学論集 歴史と文化』53、2015 年

福井佳夫『六朝美文学研究』汲古書院、1998 年

内田清「百済・倭の上表文の原典について」『東アジアの古代文化』86・88、1996 年

志水正司「倭の五王に関する基礎的考察」『日本古代史の検証』東京堂出版、1994 年

田中史生「武の上表文」『文学と古代日本2』吉川弘文館、2005 年

久米邦武「聖徳太子実録」『久米邦武歴史著作集』1、吉川弘文館、1988 年

倭五王： 日本的王位继承与五世纪的东亚

田中史生「倭の五王の対外関係と支配体制」『島根県古代文化センター研究論集』14、2015 年

下垣仁志「古代国家論と戦争論」『日本史研究』654、2017 年

第 4 章

笠井倭人『研究史　倭の五王』吉川弘文館、1973 年

河内春人「「読まれる」史料と「読まれない」史料」『中央史学』39、2016 年

ウィリアム・ジョージ・アストン「日本上古史の大意」『文』1 – 14・15、1888 年

吉村武彦「倭の五王とは誰か」白石太一郎、吉村武彦編『争点　日本の歴史　2』新人物往来社、1990 年

前田直典「応神天皇朝といふ時代」『元朝史の研究』東京大学出版会、1973 年

原島礼二・石部正志・今井堯・川口勝康『巨大古墳と倭の五王』青木書店、1981 年

沖森卓也『日本古代の表記と文体』吉川弘文館、2000 年

西條勉「倭の五王と古代王権の系譜学」『国士館大学文学部人文学会紀要』28、1995 年

川田順造『無文字社会の歴史』岩波書店、1976 年

参考文献

武田祐吉『古事記研究1　帝紀攷』青磁社、1944年

土生田純之『古墳』吉川弘文館、2011年

神野志隆光『古事記の世界観』吉川弘文館、1986年

義江明子『日本古代系譜様式論』吉川弘文館、2000年

義江明子『古代王権論　神話・歴史感覚・ジェンダー』岩波書店、2011年

河内春人「倭王武の上表文と文字表記」『日本古代君主号の研究』八木書店、2015年

高橋一夫『鉄剣銘一一五文字の謎に迫る　埼玉古墳群』新泉社、2005年

大平聡「ワカタケル」鎌田元一編『古代の人物1　日出づる国の誕生』清文堂出版、2009年

終　章

田中俊明『大加耶連盟の興亡と「任那」』吉川弘文館、1992年

田中俊明「百済文周王系の登場と武寧王」『高麗美術館研究紀要』5、2006年

榎一雄「梁職貢図について」『榎一雄著作集』7、汲古書院、1994年

倭五王： 日本的王位継承与五世纪的东亚

　　深津行徳「台湾故宮博物館蔵「梁職貢図」模本について」『学習院大学東洋文化研究所調査研究報告』44、1999 年

　　尹九龍「清張庚諸番職貢図巻　解題・翻刻」鈴木靖民・金子修一他編『梁職貢図と東部ユーラシア世界』勉誠出版、2014 年

　　川本芳昭「倭の五王による劉宋遣使の開始とその終焉」『魏晋南北朝時代の民族問題』汲古書院、1998 年

　　前之園亮一「倭の五王の通宋の開始と終焉について」『古代国家の政治と外交』吉川弘文館、2001 年

　　吉村武彦編『古代を考える　継体・欽明朝と仏教伝来』吉川弘文館、1999 年

主要图片出处

0-1　『大古事記展』(奈良県、2014年)

0-2　若狭徹『古墳時代ガイドブック』(新泉社、2013年)

0-3　国立歴史民俗博物館編『古代日本　文字のある風景』(朝日新聞社、2002年)

0-4　朝鮮民主主義人民共和国文化保存指導局写真帳編集室編『高句麗壁画』(朝鮮中央歴史博物館、1979年)

1-1　鈴木靖民、金子修一他編『梁職貢図と東部ユーラシア世界』(勉誠出版、2014年)

2-1　国立歴史民俗博物館編『古代日本　文字のある風景』(朝日新聞社、2002年)

2-2　市原市教育委員会・財団法人市原市文化財センター編『「王賜」銘鉄剣概報』(吉川弘文館、

倭五王： 日本的王位継承与五世纪的东亚1988 年）

 2-3 『文字、それ以後——韓国古代文字展』（国立中央博物館、2011 年）

 4-1 『出雲岡田山古墳』（島根県教育委員会、1987 年）

 4-2 高橋一夫『鉄剣銘——五文字の謎に迫る埼玉古墳群』（新泉社、2005 年）

 5-1 鈴木靖民、金子修一他編『梁職貢図と東部ユーラシア世界』（勉誠出版、2014 年）

 5-2 鈴木靖民、金子修一他編『梁職貢図と東部ユーラシア世界』（勉誠出版、2014 年）

倭五王相关年表

公元纪年	事件	倭五王	百济王	高句丽王	朝代
369	高句丽南下,百济将其击退	誉田别	近肖古王	故国原王	东晋
371	高句丽南下,百济将其击退并反击,故国原王战死				
372	百济首次向东晋遣使,倭国与百济结盟(七支刀)			小兽林王	
377	新罗向前秦遣使(首次向中国遣使)		近仇首王		
383	淝水之战,前秦大败				
385	百济发生政变(存疑)		枕流王	故国壤王	

倭五王：日本的王位继承与五世纪的东亚

续表

公元纪年	事件	倭五王	百济王	高句丽王	朝代
391	倭国进入朝鲜半岛南部。广开土王即位	誉田别	辰斯王	故国壤王	东晋
396	广开土王亲征百济		阿莘王	广开土王	
396~398	高句丽设立府官（东亚最初的府官制）				
400	高句丽与倭国、安罗交战				
404	高句丽与倭国在带方郡海岸交战				
405	百济阿莘王去世，腆支王即位		腆支王		
412	广开土王去世				
413	长寿王即位。倭国、高句丽向东晋遣使			长寿王	
420	刘宋建立，高句丽、百济升格	赞			刘宋
421	赞首次向刘宋遣使		久尔辛王		
425	赞派司马曹达出使刘宋				

倭五王相关年表

续表

公元纪年	事件	倭五王	百济王	高句丽王	朝代
430	倭国向刘宋遣使	赞			
435	高句丽首次向北魏遣使				
438	珍向刘宋遣使，请求六国诸军事	珍			
439	北魏统一北方。高句丽向刘宋献上800匹马				
440	倭国军事介入新罗		毗有王	长寿王	刘宋
443	济向刘宋遣使				
444	倭国军事介入新罗				
450	新罗杀害高句丽将领，反叛高句丽	济			
451	济向刘宋遣使				
452	北魏太武帝被杀				
453	宋文帝被杀				
454	高句丽攻打新罗				
460	倭国向刘宋遣使		盖卤王		
461	百济盖卤王将昆支派往倭国				

倭五王：日本的王位继承与五世纪的东亚

续表

公元纪年	事件	倭五王	百济王	高句丽王	朝代
462	兴作为世子向刘宋遣使（倭国可能发生了政变）	兴	盖卤王	长寿王	刘宋
468	高句丽攻打新罗	兴	盖卤王	长寿王	刘宋
469	北魏从刘宋手中夺取山东半岛	兴	盖卤王	长寿王	刘宋
471	北魏献文帝让位（476年遭毒杀）	兴	盖卤王	长寿王	刘宋
472	百济向北魏朝贡，请求出兵高句丽	兴	盖卤王	长寿王	刘宋
475	高句丽攻陷百济汉城，盖卤王被杀	兴	盖卤王	长寿王	刘宋
477	倭国向刘宋遣使（倭国王不明），昆支回到百济		文周王	长寿王	刘宋
478	倭国（武）遣使，呈上上表文	武	三斤王	长寿王	刘宋
479	刘宋灭亡，南齐建立。加罗国（嘉悉王）向南齐遣使	武	三斤王	长寿王	南齐
479~482	倭国向南齐遣使（倭国王不明）	武	东城王	长寿王	南齐
490	北魏袭击百济，百济将其击退	武	东城王	长寿王	南齐
491	长寿王去世	武	东城王	长寿王	南齐
495	百济向南齐遣使，上表	武	东城王	文咨明王	南齐
502	梁建国	武	武宁王	文咨明王	梁

图书在版编目（CIP）数据

倭五王：日本的王位继承与五世纪的东亚 /（日）河内春人著；梁适雨译 . -- 北京：社会科学文献出版社，2021.12
 ISBN 978 - 7 - 5201 - 8431 - 1

Ⅰ.①倭… Ⅱ.①河…②梁… Ⅲ.①日本 - 古代史 - 研究②国际关系史 - 研究 - 东亚 - 中世纪③中日关系 - 国际关系史 - 研究 - 南朝时代 Ⅳ.①K313.2②D829.313③D831.09

中国版本图书馆 CIP 数据核字（2021）第 230284 号

倭五王：日本的王位继承与五世纪的东亚

著　　者 /〔日〕河内春人
译　　者 / 梁适雨

出 版 人 / 王利民
组稿编辑 / 董风云
责任编辑 / 沈　艺　成　琳
责任印制 / 王京美

出　　版 / 社会科学文献出版社·甲骨文工作室（分社）（010）59366527
　　　　　地址：北京市北三环中路甲 29 号院华龙大厦　邮编：100029
　　　　　网址：www.ssap.com.cn
发　　行 / 市场营销中心（010）59367081　59367083
印　　装 / 北京盛通印刷股份有限公司

规　　格 / 开　本：889mm × 1194mm　1/32
　　　　　印　张：8.375　字　数：155 千字
版　　次 / 2021 年 12 月第 1 版　2021 年 12 月第 1 次印刷
书　　号 / ISBN 978 - 7 - 5201 - 8431 - 1
著作权合同
登 记 号 / 图字 01 - 2021 - 3498 号
定　　价 / 58.00 元

本书如有印装质量问题，请与读者服务中心（010 - 59367028）联系

▲ 版权所有 翻印必究